교실에서 **별**을 만나다

교실에서 별을 만나다

행동 문제를 보이는 '한 아이' 어떻게 도울 것인가?

-

2022년 8월 3일 **1판 1쇄**

2024년 9월 6일 **1판 4쇄**

-

저 자 | 문수정 최경희

펴낸이 | 한성준 현승호

펴낸곳 | 좋은교사운동 출판부

등 록 | 제 2000-34호

주 소 | 서울특별시 관악구 남부순환로218길 36, 4층

전 화 | 02-876-4078

팩 스 | 02-879-2496

홈페이지 | www.goodteacher.org

이메일 | admin@goodteacher.org

디자인 | 디자인집 02-521-1474

-

ISBN | 978-89-91617-64-3 (03370)

가 격 | 16,000원

행동 문제를 보이는 '한 아이'
어떻게 도울 것인가?

교실에서 별을 만나다

문수정, 최경희 지음

좋은교사

두려움에 직면하면
새길이 열린다

☆

    요즘 교사들을 두렵게 하는 아이들이 있다.

ADHD, 분노조절장애, 품행장애, 우울 등의 명칭이 붙는 이 아이들은 새 학기를 맞는 교사들에게 두려운 존재이다. 이들로 말미암아 교실은 배움의 공간이 아닌 혼돈의 공간이 되기 일쑤이다. 이들은 때마다 정상적인 수업을 어렵게 하며 학교폭력에 준하는 갈등과 소란을 일으킨다. 그렇다고 특수교육 대상자로 보기에는 이들의 지능이나 학습 능력이 나쁘지 않다. 그래서 일반 교사들은 답 없는 질문을 던지며 맨주먹 붉은 피로 버텨내고 있는 것이 오늘 학교의 안타까운 현실이며, 특히 초등학교 교실의 불편한 실상이다.

> "우리가 학생을 두려워하는 만큼 학생들도 우리를 두려워한다는 사
> 실을 이해하고, 우리 자신의 공포는 물론 학생들의 공포를 해독할 수
> 있다면 얼마든지 사제 간의 원만한 관계를 회복할 수 있다."
>
> - 파커 팔머 『가르칠 수 있는 용기』 -

　사실, 행동 문제를 가진 그 아이들도 두려움에 사로잡혀 있다. 다른 이들에게 말로 표현하고 싶고, 선생님의 따뜻한 관심을 받고 싶고, 여느 평범한 아이들처럼 절친도 만들고 싶다. 그런데 생각처럼 잘 되지 않는다. 이 아이들의 욕구도 보통 아이들과 똑같다. 다만 자라면서 본 대로, 받은 대로 말하고 행동했을 뿐인데 친구들은 자기와 놀아주지 않고 선생님은 수업 때마다 야단을 친다. 그런 날이 쌓이고 쌓여 이제는 특정 (문제)행동을 해야만 주변 사람들이 자기에게 관심을 가져주고 말을 걸어준다는 걸 아이는 터득했다. 그럴수록 자기에게 해가 됨을 모르는 아이들은 나름의 생존법으로 문제행동을 반복하며 두려움을 회피한다.

　이 책의 공동저자 문수정, 최경희 선생님은 교실 안 행동 문제를 가진 아이들을 주목했다. 두 분은 이 책이 나오기까지 5년 동안 이 아이들과 교사들의 두려움과 고통을 직면했다. 무엇보다 그들 스스로 학교 현장에서 행동 문제를 가진 아이들과 부대끼면서 과연 행동지원 프로세스

가 제대로 작동하는지를 검증해 왔다. 그 결과, 행동 문제를 가진 아이들이 변화했고, 한 아이의 행동 변화는 그 아이가 속한 학급의 회복으로까지 이어졌다. 그래서 이 책은 글로 쓴 책, 그 이상이다.

학교 현장에 만연한 두려움에 직면하며 심각한 행동 문제를 가진 아이들을 돕는 대안을 찾아온 두 공동저자의 용기에 격려의 박수를 보낸다. 바라기는 행동 문제를 가진 아이들과 그 아이들 곁에 있는 교사들과 답을 찾지 못해 가슴만 치며 한탄해온 수많은 학부모들에게 이 책은 마치 갈라진 메마른 땅 위에 시원한 생수 한 바가지가 될 것이다. 또한, 정책입안자들에게도 이 책을 강력히 추천한다. 정말 아이들을 살리고 교사들의 교육권을 지키는 방안을 찾는 계기로 이 책이 사용되기를 간절히 바란다. 무엇보다 예비교사들에게 이 책은 반드시 읽고 숙지해야 할 필독서라고 생각한다.

　물론, 이 책에서 제안하는 '행동지원 프로세스'가 행동 문제를 가진 모든 아이에게 궁극의 대안이 될 수는 없을 것이다. 어떤 아이에게는 행동지원 프로세스가 아닌 다른 대안이 필요할 수도 있다. 중요한 것은 교육 현장에 만연해지고 있는 두려움 앞에서 누구라도 나서서 할 수 있는 그 무언가를 찾아야 한다는 것이다. 좋은교사운동 위기학생연구회 마음친구에서는 행동지원 프로세스를 찾았고 이것으로 두려움에 사로잡힌 아이와 교사들을 돕고자 했다.

　모쪼록 우리 교육계와 온 사회가 한 아이의 배움과 성장을 소중하게 여기길 원한다. 이를 방해하는 어떤 문제 앞에서도 고민과 실천과 협력을 중단하지 말아야 한다는 말씀을 드리고 싶다.

2022년 7월

좋은교사운동 공동대표 김정태

★ 추천사

☆

　　결국 목마른 사람들이 우물을 팠다. 많은 교사가 교실 내 위기학생들의 문제행동으로 인해 힘들어하지만, 그 어디에서도 제대로 도움을 받지 못하고 있다. 이러한 상황에서 힘들어하는 당사자인 두 교사가 직접 배우고 연구하고 실천하면서 해결의 우물을 팠다. 덕분에 많은 교사가 이 우물물을 교실에 가져올 수 있으니 이 얼마나 감사한 일인가!

오디세이학교 교사, 좋은교사운동 이사장　정병오

☆

　　이런 책을 너무도 기다렸다. ADHD나 품행장애 등 정서·행동적인 문제를 보이는 아이들로 인해 많은 교실이 지도의 어려움을 겪고 있는 현실 때문이기도 하지만, 무엇보다 아이들 본인이 겪는 큰 고통이 안타까웠기 때문이다. 이 책은 정서·행동 상의 위기를 겪는 아이를 지도하다 난관에 봉착한 교사가 상담과 임상심리를 개인적으로 공부하면서 문제해결의 길을 찾아 나선 소중한 기록이다. 특수교육에서 적용되던 긍정적 행동지원 방법을 일반교실에 맞게 실제 적용해 본 결과이기 때문에 아이들과 교사 모두에게 큰 도움이 될 것이다. 교실 속 위기학생으로 어려움 겪는 교사들, 모두를 위한 교육을 고민하는 정책 담당자와 연구자들에게 일독을 권한다.

좋은교사운동 공동대표 김영식

☆

모든 학생은 때로 바람직하지 않은 행동을 보일 때가 있으며, 어떤 학생들은 적절한 행동을 배우기 위해 더 많은 지원이 필요하다. 때로 교사의 행동이나 주변 환경이 학생의 문제행동을 야기할 수도 있으며, 학생의 행동에 대한 교사의 관점은 학급 운영에 많은 영향을 미친다. 이 책은 학생의 행동에 대하여 처벌적이고 사후 반응적인 관점으로 대응하지 않았는가 돌아보게 한다. 나아가 문제행동은 일어나기 전에 예방하는 것이 보다 효과적임을 강조하며, 바른 행동을 가르치고 활동적인 교수 환경을 만들어 갈 수 있는 구체적인 아이디어를 제공한다.

나사렛대학교 유아특수교육과 교수 박계신

☆

학급 담임교사로서의 경험을 복기해보면, 아이들에게 늘 미안하다. 문제를 일으키는 소수의 학생들 때문에 다수의 다른 학생들에게 집중하지 못했기 때문이다. 일부 학생들의 특정한 문제행동에 대응하다 보면 평상심을 쉽게 잃어버렸다. 마치 두더지 게임을 하는 것처럼 그때그때 상황에 대처했지만, 남는 것은 관계의 깨짐과 교사의 소진, 감정의 악순환이었다.

저자들은 교사의 어려움을 가중한 아이들의 행동과 마음을 어떻게 바라보아야 하는지, 어떤 방식으로 그 아이들을 도울 수 있는지에 관해서 깊은 통찰과 실질적인 해결 방안을 풍성하게 제시한다.

한국교원대 교육정책전문대학원 교수, 교육정책디자인연구소장 김성천

☆

　　학생의 문제행동으로 고민하는 현직 교사, 그리고 앞으로 교단에 서게 될 예비교사가 꼭 읽어야 하는 책이다. 왜냐하면 이 책은 학생의 문제행동 원인과 실제적인 해결 방법을 제시하기 때문이다.

좋은교사운동 배움찬찬이연구회 김중훈

☆

　　"위기학생을 1년 동안 혼자 감당하는 일은 등산하는 것과 같다."라는 저자의 이야기가 마음에 남는다. 현재 학교 현장의 교사들은 끝이 보이지 않는 오르막길을 오르는 심정으로 위기학생과의 수업을 감당하고 있다. 별이와 같은 학생들은 정말 많다. 이들을 위한 지원방안과 인력이 절실하게 필요하다. 어려운 여건 속에서도 그런 학생을 1년간 집중 케어하며 만든 노하우를 이렇게 책으로 정리해 준 저자들에게 큰 고마움을 느낀다. 이 열정이 현장에 많은 교사에게 전달되기를 바라고, 작은 희망의 촛불이 되기를 바란다. 작은 촛불이 하나하나 모여 큰 횃불이 되어 세상을 밝히기를 소망해 본다.

전)경기도 학생위기지원단 단장, 가치연구소장 안해용

☆

　교육 현장에서 아이들의 정서·심리·행동 문제를 이해하고 다독이며, 근거 기반으로 접근해보고자 여러 전문가를 만나고 공부해온 두 교사의 땀과 노력이 이 책에 고스란히 담겨있다. 때론 오해로 상처받던 눈물겨운 여정, 그래도 한걸음 더 나아가 탐구하고 시도해온 두 교사의 열정에 감탄과 존경을 보낸다.

원광대학교 중등특수교육학과 교수　강경숙

☆

　오랫동안 회복적 생활교육 현장에서 인연을 맺어온 두 동료 교사가 학생들의 이상행동에 대한 대안적인 생활지도 방식을 책으로 출판하게 된 것에 축하를 보낸다. 우리가 봉착하는 문제 상황은 '자극'에 대한 인식과 그에 대한 '반응'의 결과이다. 이 책은 문제행동에 대해 존중과 돌봄의 일관성을 잃지 않고 연결의 방식으로 다가가 몇 가지 이치들을 적용하면 뜻밖의 변화가 일어날 수 있음을 보여준다. 실제적인 일화와 함께 경험적 조언이 풍부하게 진술되어 있어, 교사들에게 큰 힘이 되리라 기대한다.

『회복적 서클 가이드북』, 『회복적 서클 플러스』 저자,
비폭력평화물결 대표　박성용

☆

　저자들은 책 속에서 차분하고 담담한 목소리로 이야기하지만, 이 책이 나오기까지 교육 고통에 마음 아파하며 대안을 찾기 위해 고군분투했

던 눈물 나는 여정을 알고 있기에, 한 문장 한 문장이 소중하다. '문제학생'이 아닌 '문제행동을 하는 학생'으로 시선을 전환하고, 생활교육을 위해 다초점 렌즈가 필요하다는 저자들의 목소리가 깊은 여운을 남긴다.

『회복적 생활교육을 만나다』 저자 박숙영

☆

안타깝게도 선생님이 수업을 제대로 진행할 수 없게 만드는 위기학생들이 점점 늘어나고 있다. 저자들은 20여 년 동안 교실에서 위기학생들과 마주하며 많은 고민과 아픔을 겪었다. 그 눈물겨운 여정이 이 책을 낳았다. 그래서 이 책은 위기학생을 앞에 놓고 고민하는 많은 선생님에게 위로와 용기와 희망을 주기에 충분하다. 감당하기 어려운 아이를 만났을 때 마음을 나눌 수 있는 친구처럼 이 책을 곁에 놓고 읽기를 적극 권한다. 이 책은 선생님들에게 훌륭한 선물이다.

『내면 아이』 저자, 前 덕양중학교 교장 이준원

☆

문제행동을 어떻게 이해하고 대응할지 여러 번 연수한 내게도 이 책은 참 반갑다. 그동안 문제행동에 대한 번역서와 교수들이 쓴 책은 있었지만, 교사가 쓴 책은 없었다. 이제 연구력과 실천력으로 무장하고 1년간 교사들의 실천을 도운 검증된 교사 연구자가 문제행동이 심한 위기학생을 교사가 도울 행동 지원 프로세스에 관한 책을 출간했다. 책의 완성도가 매우 높고, 전문적이면서도 실제적이다. 다양한 사례와 적용을 담고 있어서

술술 읽힌다. 앞으로 이 책이 많은 선생님의 손에 들려질 것이다. 덕분에 선생님들의 피로는 낮아지고, 아이들의 성장은 촉진될 것을 확신한다.

실천교육교사모임 교권보호 팀장 교사 이상우

☆

어린이들과 온종일 같이 생활하는 것은 행복이다. 그러나 그 행복은 거칠고 힘든 들판을 지나고 나서야 우리에게 온다. 관계에서 오는 괴로움과 과거 기억에서 오는 힘듦, 그리고 사랑받지 못해서 오는 좌절을 끌어안고 살아가는 어린이들에게 내가 할 수 있는 소중한 방법을 알려 주는 책이다. 책 한 권으로 거친 들판을 지날 수는 없지만, 그래도 우리에게 귀한 선물임은 분명하다.

서울통합형 회복적 생활교육연구회 교사 박진보

☆

도전적이면서 낯선 행동이 갈수록 많아지는 교실에서, 교사들의 고충은 높아져만 가고 있다. 이런 행동들에 대처해야 하는 교사들을 위한 나침반이자 등대의 역할을 해 줄 좋은 책이다. 교사들의 트라우마를 낮추고 교실 평화에 깊이 기여할 수 있는 책이기에, 교사들에게 깊은 도움을 줄 것으로 확신한다.

명지병원 정신건강의학과 교수 김현수

★ 프롤로그

오랜 고민이 연구가 되고,
그 연구가 책이 되기까지……

☆

　초임 시절에 만난 한 아이가 생각난다. 그 아이와 함께한 1년 동안, 나는 '어떻게 해야 하지?'라는 물음을 달고 살았다. 친구들을 때리는 아이를 말리느라 수업을 제대로 진행할 수 없던 순간이 하루 이틀이 아니었다. 당시 나는 어찌할 바를 몰랐다. 그러나 모른다고 피할 수 있는 문제가 아니었기에, 오롯이 혼자서 모든 걸 감당해야 했다. 그 아이 어머니와 순댓국집에서 소주잔을 기울이며 울먹였던 기억도 새록새록 난다. 그런데 20여 년이 지난 지금도, 나는 여전히 그 시절과 같은 고민과 아픔을 겪고 있다.

　교실에는 다양한 학생들이 있다. 안타깝게도 대략 5%에 해당하는 학생들은 심각한 문제행동을 보인다. 우리는 이들을 고위험군, 정서행동장애 또는 위기학생[1]이라고 명명한다. 우울증, 기분장애, ADHD, 품행장애

---

[1] '심리적 위기학생'이란 가정, 정신건강, 학교 부적응 등의 문제로 학업 중단의 위험에 처해있거나 정상적인 학교생활을 어렵게 하는 위험 요인을 가지고 있는 학생을 말한다(경기도교육청 심리적 위기학생 지원 조례, 2020.3.17).

등과 같은 어려움을 겪고 있는 이들에게는 위기 개입이 필요하다.

이런 학생들의 문제행동은 일반적인 훈육이나 상담 정도로는 개선되지 않는다. 즉, 우리의 교실 안에는 특수교육 대상에 속하지는 않지만 특별한 관심과 지도를 요구하는 아이들이 있다. 이런 아이들과 반나절 동안 함께 지내야 하기에, 상담사도 특수교사도 아닌 일반교사에게도 정서·행동장애 학생을 이해하며 다룰 수 있는 대안이 필요하다. 제도적인 지원이 절실하며, 담임교사를 넘어 학교 차원의 협력 대응이 요구된다. 부모의 협조와 전문가의 도움은 더 말할 나위도 없다.

미국에서는 일반학급에서 문제행동을 낮추는 프로그램으로 PBS(긍정적 행동지원)를, 그리고 의학에서는 행동치료 모델로 응용행동분석을 활용하고 있다. 우리는 PBS와 응용행동분석을 이용하여 일반학급에서 문제행동을 보이는 학생에게 실행 및 적용을 해 보았다. 치료적 세팅과 같은 중재 환경은 아니었지만 유의미한 결과와 시사점이 있었다.

앞으로 우리는 이렇게 실천한 프로그램을 '행동지원 프로세스'라고 부르려고 한다. 행동지원 프로세스는 문제행동의 원인을 파악하고 중재 계획을 세워 문제행동은 사라지고 적응행동이 나오도록 지원해 가는 과정을 의미한다. 이 책에는 문제행동은 왜 일어나는지, 어떻게 지속되는지, 예측 가능한 중재 전략은 어떻게 세우는지에 대한 정보를 담고 있다. 행동의 모든 문제를 해결할 수는 없어도 '문제 학생'이 아닌 '문제행동'으로 관점을 전환하고, 그 문제행동을 긍정적인 관계 속에서 중재하는 방법을 배울 수 있을 것이다.

행동지원 프로세스를 실천하신 한 선생님의 말씀이 기억난다.

"지푸라기라도 잡고 싶은 심정으로 참여하였는데 알고 보니 동아줄이
    었어요."

지금 당신의 교실에 심각한 정서·행동 문제를 겪고 있는 학생이 있는가?
행동지원 프로세스는 구성원 모두 행복하게 공존하는 교실로 가는 길을
열어줄 것이다.

공동저자인 우리는 2013년부터 회복적 생활교육을 실천해 왔다. 학
급에서 평화로운 공동체 만들기를 지향해 왔지만, '별이'와 같은 학생을
만났을 때는 속절없이 무너지기도 했다. 그래서 우리는 '별이를 어떻게 지
도할 것인가?'에 초점을 두고 맨땅에 헤딩하듯 길을 찾아 다녔다.

좋은의자 단체에서 고 김수지 박사님[2]을 만나 깊은 감명을 받기도 했다.
대학원에서 이상심리 및 상담에 대해 공부했고 '위기학생을 견뎌내는 교
사의 체험 사례 연구'와 '아동이 지각한 사회적 지지와 자기효능감 및 공
격성과의 관계' 논문을 썼다. 임상심리사 2급 자격을 취득하고 응용행동
분석 1년 수련 과정도 거쳤다.

좋은교사운동에서 위기학생연구회 '마음친구' 교사모임을 만들고 이상심
리, 학습과 행동, 개별중재를 5년 동안 학습하였다. 그리고 마음친구 선생

---

2 한국 최초의 간호학 박사로 국내 간호 지도자 양성 및 간호교육 발전에 공헌했다. 세계적 간호 이론
   인, 사람 돌봄 이론(Interpersonal Caring Theory, ICT)을 개발하고, 2007년 '플로렌스 나이팅게일 기장'을
   수상했다. 위키백과.

님들과 함께 학급에 적용하는 실행 연구를 했다. 우리는 안개 속에서 비를 만나고 태풍을 만나기도 하면서 한 걸음 한 걸음 걸어왔다. 여기까지 올 수 있었던 것은 그 여정 속에서 만난 많은 동반자들 덕분이었다.

늘 물심양면으로 도와주며 책의 방향을 잡아주신 좋은교사운동 김정태 대표님과 위기학생의 교육정책에 대해 도움을 주신 김영식 대표님, 늘 지지해 주시고 응원해 주신 정병오 선생님과 김성천 교수님, 위기학생의 연구 방향을 잡는 데 도움주신 김중훈 선생님, 교정을 도와주신 박진보 선생님께 진심으로 감사드린다. 그리고 우리나라에 긍정적 행동지원을 전파하시는 특수교육 강경숙 교수님과 일반학급 내 긍정적 행동지원을 적용할 수 있도록 도움을 주신 박계신 교수님, 경기도 학생위기지원단에 파견되었을 때 함께한 안해용 단장님, 정서·심리 문제에 대한 식견을 넓혀주신 정신건강의학 전문의 김현수 교수님, 위기학생 문제에 대해 함께 실천하는 이상우 선생님께도 감사를 전한다. 또한 비폭력 평화운동으로 정신적인 자양분이 되어주신 박성용 목사님, 회복적 생활교육을 일깨워주신 박숙영 선생님, 위기학생의 내면 아이 치유를 알게 해 주신 이준원 교장 선생님께도 감사의 말씀을 전한다. 그리고, 한결같이 묵묵히 지원해 준 남편과 아들 신원이, 성현이, 지현이에게 깊은 사랑을 보낸다.

끝으로 책의 내용 중 저희가 생각과 경계가 모호해서 의도치 않게 출처를 밝히지 못한 부분이 있다면 너그러운 양해를 부탁드린다.

★ **책 사용 설명서**

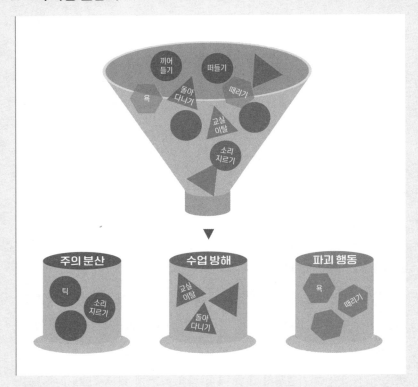

☆

　　위기학생 안에는 여러 가지 문제행동들이 공존하고 있다. 이러한 문제
행동들은 3수준으로 분류할 수 있다. 1수준 문제행동은 자신에게만 영향
을 미치는 '주의 분산 행동'이다. 2수준은 수업을 중단해야 할 정도로 영
향을 미치는 '수업 방해 행동'이다. 3수준은 자신과 타인에게 피해를 주는
'파괴 행동'이다. 외현화된 문제행동(ADHD, 반항 등) 뿐만 아니라 내재화된
문제행동(우울, 무기력 등)도 이 '파괴 행동'의 범주 안에 모두 포함될 수 있다.

이 책에 등장하는 '별이'는 1, 2, 3 수준의 문제행동을 모두 보이는 학생이다. 주의 분산, 교실 이탈, 지시 불이행, 공격 행동 등과 같은 행동 패턴을 반복적으로 보이는 별이는 우리가 20년 이상 교직에서 만나왔던 위기학생들의 공통분모이다. 독자는 별이의 모습 속에서 우리 반의 누군가를 떠올릴 것이다.

다음 표는 행동지원 프로세스의 전체적인 흐름도이다.

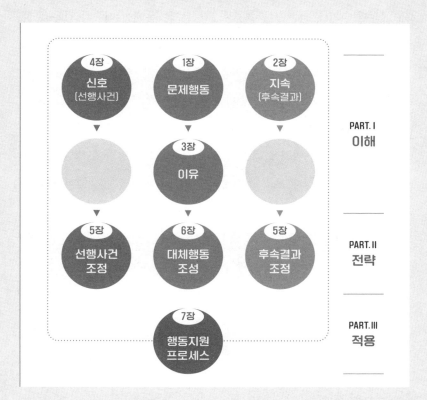

☆

이 책은 눈으로 읽고, 머리로 그 내용을 이해하는 데 그치는 책이 아니다. 문제행동에 대한 이해를 바탕으로 적절한 대처방안을 모색하고, 실제로 우리의 교육 현장에 행동지원 프로세스를 적용할 수 있도록 돕는 책이다. 그래서 우리는 이 책을 크게 세 부분으로 나누어 I부 문제행동에 대한 이해, II부 대처방안, III부 적용으로 구성했다.

I부는 문제행동을 어떻게 이해해야 할지를 설명한 1장, 문제행동이 왜 지속될 수밖에 없는지를 설명한 2장, 문제행동에는 이유가 있음을 설명한 3장, 문제행동이 일어나기 전 신호를 설명한 4장으로 구성된다.
II부는 문제행동에 대한 대응전략을 다루고 있는데, 5장은 선행사건을 조정하여 문제행동을 예방하는 중재 전략, 6장은 문제행동을 대체할 수 있는 행동을 조성하는 전략을 소개한다.
III부는 문제행동의 원리에 대한 이해와 전략적 대처방안에 대한 숙지를 기반으로, 그것을 실제 교육 현장에 어떻게 적용할 수 있는지 보여준다. 우리의 행동지원 프로세스 실천 과정을 단계적으로 설명한 이유는 독자들에게 구체적인 실천 지침을 제공하기 위한 것으로, 모쪼록 이 책이 위기학생을 돕는 일에 유용하게 활용될 수 있기를 바란다.

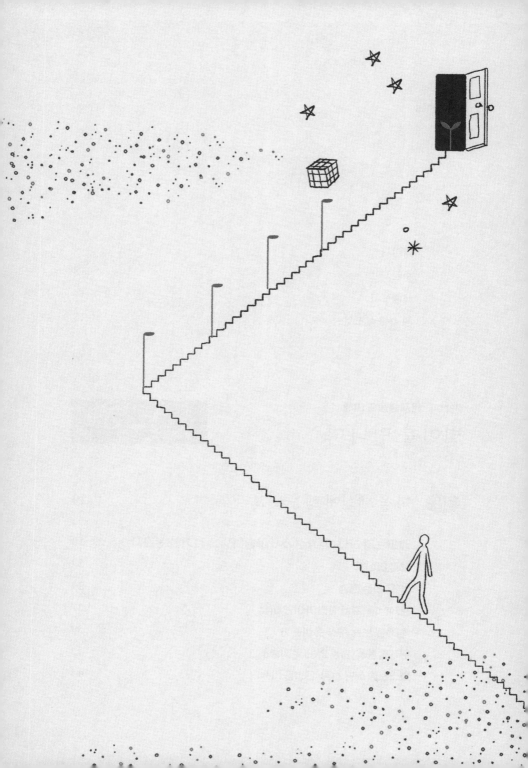

contents

Part I. 문제행동의 이해

별이를 만나다

Part II. 문제행동의 대처 방안

별이에게 손을 내밀다

Part III. 행동지원 프로세스

별이를 보듬다

별이를 만나다

1장

마음 대신에

행동을 보라

어린아이처럼 사실 앞에 앉아서,
모든 기존 관념을 포기할 준비를 해라.
자연이 어딘가에 있는
어떤 심연으로 이끌더라도
겸허하게 따르라.
그렇게 하지 않는다면
아무것도 배우지 못한다.

- T. H. Huxley -

레퍼토리 하나.
경계선에서 아슬아슬 줄타기하는 교사

"책 읽는 시간이에요. 정리하고 여기로 앉아주세요."

아이들은 교실 한가운데로 와서 앉았다. 별이도 이야기 시간을 좋아한다. 굼뜨다 늦은 별이도 비집고 들어와 앉았다. 별이는 아이들과 몸이 가까워지니 또 장난기가 발동했다. 친구들을 손으로 밀치고, 주변에 한바탕 소동을 일으켰다. 나는 이런 순간이 가장 조마조마하다. 얼른 별이를 제지했다. 짧고 엄중한 목소리로 "그만!"하고 알렸다. 별이를 앞으로 오게 해서 내 앞에 앉혔다.

잠깐 아이들을 정렬시키고 책을 읽었다. 몇몇 아이들을 제외하고, 별이와 아이들은 온정신을 집중하며 들었다. 그런 아이들의 초롱초롱한 모습을 보면서 나는 몸짓과 표정을 흉내내며 이야기에 몰입했다. 10여 분 정도 이야기 마당이 펼쳐지는 이 순간이 하루 중 가장 행복한 시간이다. 아이들과 이야기로 연결하여 교감하는 순간이기 때문이다. 아이들의 지적 호기

심과 열망은 무럭무럭 싹튼다. 그러나 안타깝게도 별이의 학교생활은 이 이야기 시간이 전부일 수도 있겠다.

이야기 시간이 끝나고 별이는 자리로 돌아갔다. 별이는 의자를 계속 까닥까닥거리고 뒤돌아보았다. 다리는 책상 옆으로 삐딱하게 나와 있었다. 짝꿍이 불편하다고 퉁명스럽게 말해도 고집스럽게 다리를 계속 뻗고 있었다. 심지어 뒷자리 아이 책상에 손을 대고 다리를 흔들기 시작했다.

맞벌이하는 부모는 주로 집 바깥에 있기에 별이는 조부모 손에서 자랐다. 외동인 별이는 혼자 놀거나 유튜브를 본다. 성적을 중요시하는 부모는 집에서 수학, 영어는 꼭 시킨다고 한다. 나는 어머니와 상담했다.

"별이가 놀이 규칙을 따르지 않아 친구들과 불협화음이 많고, 수학을 제외한 다른 과목은 거의 하지 않아요.

"별이가 집에서 특별히 문제를 일으키지 않기 때문에 그 정도인지 몰랐어요. 작년 담임선생님께 이런저런 얘기를 들었지만 크면 나아지리라 생각했어요."

"공부보다 별이와 음식을 함께 만들어 먹는다든지, 공원에서 같이 논다든지 하는 시간을 늘려주시면 좋겠어요."

"저도 그러고 싶지만, 직장생활이 바빠서 아이와 놀아줄 시간이 없네요." 어머니는 심각하게 느끼지 않는 눈치였다. 내 마음은 더 답답해졌다.

늦게 들어오는 부모, 혼자 있는 시간이 많은 별이는 정서라는 윤활유를 보충받을 만한 곳이 없었다. 나는 별이의 문제행동에 대해 훈육을 해야 하는 건지, 이해해야 하는 건지 아리송한 경계에서 효과 없는 대처만 무한 반복하는 느낌이었다.

요즘 아이들

별이는 수업 시간에 가만히 앉아 있지 못한다. 별이의 수업 방해 행동으로 수업이 중단되는 일도 많다. 나는 별이의 문제행동을 어떻게 지도해야 할지 매번 막막하다.

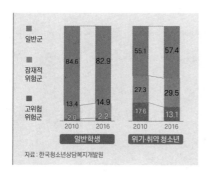

☆ [표-1] 청소년 위기 수준 분포(단위: %)

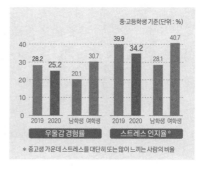

[표-2] 2021 청소년 통계(청소년 우울감 경험 현황)

[표-1]은 교육부가 고위험군 학생 심리치료 정책 마련을 위해 소아청소년정신의학회와 협약하여 조사한 내용이다.[1] 자료에 의하면 잠재적 위험군과 고위험군이 약 40%로 꾸준히 증가하고 있다. 김붕년(서울대학교병원 소아청소년정신과 의사)은 "적어도 4명 중 1명은 정신과 질환으로 진단할 수 있

---

1 김붕년., '고위기군 학생 심리치료 이행 표준 매뉴얼 개발연구'(서울대학교병원 교육부, 2016).
   https://edpolicy.kedi.re.kr/frt/boardView.do?strCurMenuId=65&pageIndex=1&pageCondition=1
   0&nTbBoardArticleSeq=190286

다."라고 한다. 문제행동 범주로는 주의력 결핍, 과잉행동장애, 적대적 반항장애, 품행장애 등 행동장애가 687명(25.71%)으로 가장 많고, 불안장애가 615명(23.02%), 기분장애가 52명(1.95%) 순이라고 한다.

[표-2] 통계에 따르면 중·고등학생의 약 34%가 평소 생활에서 '대단히 많이' 또는 '많이' 스트레스를 받는다. 4명 중 1명(28.2%)은 일상생활을 영위하기 어려울 정도로 우울감을 겪는다고 한다. 청소년 사망 원인으로 고의적 자해는 8년 연속 1위를 차지하고 있다.[2] 청소년 상담 건수는 9년 연속 증가했다. 고민상담 유형은 '정신건강'(18.1%), '대인관계'(16.6%) 순이다.[3] 대인관계 상담이 가장 높았던 과거에 비해 '정신건강' 상담 건수가 더 높아졌다는 사실은 의미심장하다.

좋은교사운동은 '심리적 위기학생'에 대해 설문조사[4]를 실시하였다. 교사 대상 응답자 220명 중 176명(80%)이 "위기학생들이 ADHD(부주의, 과잉행동, 충동) 증상을 보인다"라고 답했다. 교실에서 나타나는 문제행동으로는 "1위 신체적 공격, 2위 언어적 공격(욕설, 폭언), 3위 교실 이탈"이라고 답했다.

위의 자료에서 볼 수 있듯이 실제로 정서·행동 문제를 보이는 학생들이 많아졌다. 이런 학생들은 교실에서 신체적·언어적 공격을 하거나 교실에서 이탈하기도 한다. 심각한 행동 문제로 다른 아이들의 교실 안전까지 위협

---

2   https://www.newspim.com/news/view/20200427000383

3   https://news.nate.com/view/20200427n16918

4   좋은교사운동에서는 심각한 행동 문제를 보이는 학생들이 교실에서 어떻게 하는지, 교사나 학교는 어떻게 대처하는지 알아보기 위해 설문조사를 실시하였다(2021년 12월). 설문 결과는 교사의 판단에 준거했기 때문에 어느 정도 추정되는 것으로 볼 수 있겠다.

하는 상황은 점점 더 지금의 학교 현장을 걱정의 눈으로 바라보게 한다.

'부모'라는 환경

영희는 방과 후 집에 돌아와서 말한다.

"엄마, 오늘 경수가 날 때렸어."

"무슨 일이 있었는데?"

"아무 이유 없이 나를 때리고 사과도 안 했어."

엄마는 아이 말만 믿고 시시콜콜 캐묻는다.

"너는 맞고만 있었어?"

영희의 엄마는 학교에서 있었던 진짜 내막은 확인하지 않고 아이 편에서만 생각한다. 다음 날 영희가 집에 왔을 때, 엄마는 다시 묻는다.

"오늘은 어땠어? 경수가 또 때렸어?"

아이는 자신의 억울한 일에 대해 자세히 말한다. 엄마는 아이의 부정적인 말에 분노해서 노심초사한다. 다음 날 다시 묻는다.

"오늘도 경수가 괴롭혔어?"

아이는 자기 문제를 엄마 문제로 떠넘겼다. 엄마는 경수를 문제 덩어리로 확신하고 학교폭력 신고를 고민한다. 엄마의 불안은 아이에게 전이되었다.

기영이가 친구의 가방에 물을 뿌린 일이 있었다. 여러 아이들이 보았는데도 기영이는 끝까지 자백하지 않았다. 다섯 살 아이라면 고집 피울 수도 있다. 그러나 아홉 살 아이라면 걱정되는 행동이다. 기영이가 자기 행동에 대한 책임을 회피하고 부정하는 것은 정상적인 발달이라고 보기는 어렵다. 기영이는 이미 여러 부적응 행동을 하였고, 자기 행동에 대해서 무책임한 태도를 보였다. 그래서 부모와 상담했다. 부모는 아이의 행동에 대해 크게 문제 삼지 않았다. 기영이는 부모의 방어막 아래 숨었다. 그 해 나는 아이를 교육할 수 없었다. 나중에 기영이에게 물었다.

"엄마가 때릴까 봐 그러니?"

"네~"

나는 극도로 부인하는 기영이의 태도가 부모의 학대 때문일지도 모른다는 의구심이 들었다.

위의 사례처럼 교사로서 이해하기 어려운 부모들이 더러 있다. 교사가 자녀 문제를 이야기해도 수긍하지 않거나 교사의 제안을 무시하기도 한다. 또는 아이의 말만 믿고 아이의 문제행동을 어른들 사이의 문제로 확대하기도 한다. 부모가 자녀의 문제를 인정하지 않으면 상황은 심각해진다. 다음 도표에서 보면 '자녀의 어려움을 모르는 부모'가 '자녀의 어려움을 아는 부모'보다 더 위험하다는 것을 알 수 있다.

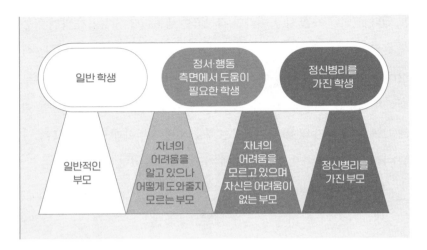

☆ 출처: 칠곡경북대학교병원 정신건강의학과 정운선[5]

학생들이 정서·행동 문제를 보이는 이유는 다양하다. 도표는 부모의 환경에 따라 학생의 심각도를 분류하였다. "우리 애는 문제없어."라고 말하는 부모들이 행동을 바꿀 수 있는 적기를 놓치고 있다. 부모가 가진 불안, 방치, 학대 등과 같은 잘못된 태도가 학생들을 위험에 빠뜨리고 있음을 짐작할 수 있다.

과거에는 대체로 가정 형편이 어려워서 문제행동을 하는 학생이 많았다면, 현재는 자녀의 문제를 인정하지 않는 부모의 태도로 인해 위기학생이 많아지고 있다.

---

5 도표는 학생정신건강지원센타 '심포지움1-(1)+정운선,+심리적+트라우마에+대한+인식의+중요성' 자료 중에서 발췌함(2018.03).

문제행동, 교사 탓만이 아닌 이유

"쟤가 먼저 그랬단 말이에요!"

별이는 친구를 때려 울게 했다. 나는 별이가 잦아들기를 기다렸다. 몇 분 후 별이의 격한 감정이 한풀 꺾였다.

"조금 전에 친구 안 때리기로 선생님과 약속했잖아. 시간이 얼마나 지 났다고 또 때리니? 그러면 친구들이 싫어한다고 했지."

별이의 행동은 '지도 가능한가? 불가능한가?' 라는 생각들이 수없이 꼬리에 꼬리를 물고 일어나게 한다. 항구를 찾을 수 없는 배가 떠도는 느낌이다. 별이는 분노가 폭발할 때는 헐크로 변해 친구를 공격하거나 수업 중에라도 거침없이 교실을 나가 버린다. 내가 "멈춰!"라고 소리쳐도 소용없다. 별이의 감정이 누그러질 때까지 참는 것만이 유일한 능사이나 사실 그게 말처럼 쉽지 않다.

다음 표는 학생의 문제행동 수준에 따른 차이를 '행동 문제'와 '장애'로 설명하고 있다. 일반적인 발달단계에서 벗어나 보이는 평균적인 수치 이탈은 '행동 문제'이지만, 행동 문제가 더 악화하여 정신건강에까지 영향을 미치는 정도라면 이는 '장애'라고 설명한다. 즉, 그 나이 또래에서 보이는 일반적인 수준에서 떼를 쓰고 고집부리는 행동은 설명 가능한 '행동 문제'일 수 있지만, 행동이 통제 불가능한 수준으로 빈번하게 문제를 초래한다면 상담이나 치료에 따르는 '이상 행동(장애)'이라는 것이다.

일반 아동	행동 문제	장애
• 일반적 행동 • 평균적 행동	• 일반 행동이나 발달 수준에서 벗어난 행동 • 평균적인 수치 이탈 • 사회적, 학업적으로 유해성을 가지고 역기능적인 작용을 함	• 행동 문제가 더 심각한 수준으로 발달 • 정신건강에까지 악영향을 끼침 • 삶의 적응에 고통을 야기시키는 것

☆ 출처 : 고인숙 「아동 관찰 및 행동 연구」

별이의 자잘한 싸움은 거의 매일 일어난다. 일주일에 2~3회 이상은 통제 불가능한 수준의 몸싸움이니, 별이의 빈번한 문제행동은 상담이나 치료가 필요한 일이었다.

좋은교사운동의 '심리적 위기학생에 관한 교사 대상 설문조사[6] (2021.12.)'에 의하면, 위기학생은 매일 발생할 정도로(약 80%) 차례와 규칙을 지키지 못하고(62.4%), 교사의 지시에 따르지 못하며(약 70%), 신체적 공격이나 언어적 공격과 교실 이탈 등의 행동 문제로 학급에 상당한 영향을 미친다고 응답

---

6 '심리적 위기학생' 관련 설문조사는 교사의 판단에 준거했기 때문에 어느 정도 추정되는 것으로 볼 수 있다. 220명 응답자 중 76.4%가 초등교사, 14.1%는 중학교 교사였고, 10년 이상 경력자가 78.1%였다.

하였다(86.2%). 교사가 늘 긴장되고 조마조마하며 병가를 고려해 보았다는 응답도 50% 이상이었다.

국립정신건강센터 보건복지부(2018)에서는 문제행동의 강도, 빈도, 기간의 측면에서 자신이나 타인의 신체 안전을 위험에 빠트리는 비정상적인 행동을 '도전적 행동'이라고 한다. 도전적 행동(challenging behavior)은 '통제 불능'과 같으며, 일반적인 교육에서 적용되는 중재로는 반응하지 않는다고 한다. 별이가 흥분하여 공격적인 행동을 할 때면 어떠한 지도로도 중재되지 않는다.

문제행동이 평균적인 이탈 정도라면 교사가 개입하여 나아질 수 있다. 그러나 문제행동이 더 심각하여 치료가 필요한 수준이라면 교사가 통제하기는 어렵다. 행동 문제는 대화로 해결 가능성을 도모할 수 있지만, 이상 행동은 교사로서 속수무책인 느낌이 든다.

'행동을 보는 렌즈'로 바꾸기

우리는 흔히 학생이 문제를 일으켰을 때 '고집이 세. 반항적이야. 분노 조절이 안 돼.' 등 대체로 심리적 요인에서 문제의 원인을 찾는다. 그래서 학생의 심리적 문제를 변화시키고자, 타이르고 종용하고 여러 가지 방법으로 대화를 시도한다. 물론 필요한 일이다. 하지만 학생을 심리적으로 이해한다고 해도 위기 상황이 펼쳐지는 것을 막을 수는 없다. 위기 상황에서는 학생 자신도 스스로를 통제할 수 없게 되고, 그러면 동시에 교사도 어찌할 도리가 없는 딜레마에 빠진다.

이상심리학에서는 행동 조절이 어려운 학생들 대다수가 전두엽 실행기능이 저하되어 있다고 한다. 이들은 친구와 다툼이 일어나면 위협으로 느끼고 변연계의 뇌에서 삐뽀삐뽀 경보가 먼저 울린다. 그래서 '손으로 때리는 건 안 돼'라고 아무리 속으로 생각해도 행동이 먼저 나가 버린다. 전문의들이 ADHD 학생에게 심리상담보다 행동치료를 권하는 이유도 이 때문이다. '행동'에 초점을 두고 조절력을 키워갈 수 있도록 지도해야 한다는 것이다.

행동 조절에 어려움을 겪는 학생들을 심리적으로 이해하는 일도 필요하지만, 더 중요한 것은 '행동'에 초점을 두고 이해하는 것이다. 끊임없이 이야기를 하거나 교실을 이탈하는 것은 행동 조절에서 실패한 결과라고 볼 수 있다. 마음보다 '행동'을 보라는 말에 반감이 들 수도 있다. 행동을 강조한 행동주의가 과거 혐오 처치로 비교육적이라는 비판을 받아왔던 것도 사실이기 때문이다.

하지만 우리가 오해하고 있는 측면도 있다. 행동주의 거장 스키너도 혐오 처치, 곧 처벌은 효과가 없다고 말했다. 그는 실험에서 처음에는 쥐가 레버를 눌러 먹이를 먹도록 훈련하였다. 그런 다음에는 레버를 눌러도 먹이를 주지 않고 레버를 누를 때마다 한 대씩 때렸다. 그 결과 처벌이 레버 누르기의 비율을 감소시켰지만, 처벌이 끝나자 그 비율은 재빨리 상승했음을 발견했다. 최종 결과는 처벌받은 쥐들이나 처벌을 받지 않은 쥐들이나 반응이 같았다. 스키너는 처벌이 행동을 일시적으로 억제하기는 하지만 효과가 없다고 결론을 내렸다.

그래서 요즘은 혐오 처치를 배제한 행동주의 요법이 응용 행동 분석이나 긍정적 행동지원이라는 학문으로 발전하게 되었다. 이는 인간 존재를 바꾸려는 게 아니라 '행동'에 방점을 두고 원리를 이해하여 활용하려는 것이다. 이 학문은 치료 현장이나 특수교육, 행동 분석 등에서 유용하게 쓰이고 있다.

나는 최근 노안이 와서 다초점 렌즈로 바꾸었다. 생활교육에서도 어쩌면 다초점 렌즈가 필요한지도 모르겠다. 인간 이해의 양대 산맥으로 인간 중심 심리학과 행동주의 심리학이 있다. 둘 다 중요하지만, 학생이 처한 상황에 따라 그에 맞는 처방이 필요하다. 일반적인 학생은 상담이나 대화로 생활교육이 가능하지만 위기학생에게는 '행동을 보는 렌즈'로 대처하는 것이 필요하다.

'행동을 보는 렌즈'는 "이 아이는 왜 이런 '행동'을 할까?"에 대한 질문으로 시작한다. 힘든 아이는 다양한 이유로 문제행동을 한다. 만약 "왜?"라는 질문에서 몇 가지 답을 찾을 수 있다면 "아! 이래서 그랬구나."라고 행동을 이해하고 원인을 찾을 수 있다. 문제 많은 학생에서 문제행동이 나오게 된 인과관계로 관점이 바뀌는 것이다. 문제행동을 이해하는 과정은 나와 학생의 관계를 변화시키는 매개가 된다. '문제 학생'과 문제행동을 보이는 학생'은 동일한 말 같아도 미묘한 차이가 있다. '행동을 보는 렌즈'로 바꾸고 "왜"라는 질문을 던져 보자.

문제행동을 '행동 언어'로 기술하기

"너, 왜 자꾸 뒤돌아보고 떠들어?"
수업 시간에 별이는 자꾸만 뒤돌아보고 떠들었다.
"내가 언제 떠들었어요? 물어본 거예요!"
별이는 씩씩거리며 대들었다.

'떠든다'라는 말의 사전적 의미는 '시끄럽게 큰 소리로 말하다, 매우 술렁거린다.'[7]라는 뜻이다. 일반적으로 모두가 들릴 정도로 웅성거릴 때 '떠든다'라고 표현한다. 나는 수업 시간에 자꾸 뒤돌아보는 별이가 무척 신경쓰였다. 수업에 집중하라는 의미로 그렇게 말했다. 하지만 별이는 물어본건데 선생님이 떠든다고 해서 화가 났다. 어찌 보면 별이 말이 틀린 것도아니다. 뒤돌아본 건 맞지만 그렇다고 떠든 것은 아니기 때문이다. 어쨌든'떠들었다', '물어보았다'라는 모호한 차이로 인해 별이와 나 사이에서 꽤긴장감이 흘렀다.
"얘는 고집이 세. 말을 안 들어." 이런 말은 주관적이고 모호한 표현이다.
선생님이 '줄을 서라'고 했는데 하지 않은 것인지, '조용히 하라'고 했는데무시한 것인지 듣는 사람에 따라 다양하게 생각할 수 있다. 그래서 되도록행동에 초점을 두고 구체적으로 표현해야 오해의 소지를 줄일 수 있다.

---

7   네이버 국어사전.

나는 별이가 말을 듣지 않는 행동에 어떤 것들이 있는지 생각해 보았다. 별이가 친구를 때렸을 때, 오라고 해도 따르지 않는 경우가 많았다. 줄을 서라고 하면 돌아다니곤 했다. 몇 번을 말해도 즉각 행동하지 않는 경우가 많아 답답했다. 그래서 나는 별이의 이러한 행동에 대해 "교사가 지시한 말을 5초 이내에 따르지 않는다."라고 표현해 보았다. 두루뭉술한 표현에서 구체적인 행동 언어로 기술 방식을 바꾸자 문제행동이 무엇인지 보다 분명하게 알 수 있었다.

학생의 문제행동에 올바르게 대처하기 위해서는 문제행동을 눈에 보이는 것처럼 객관적으로 기술할 필요가 있다. 행동 렌즈를 끼고 구체적인 행동 언어로 기술해 보자. 이것이 문제행동을 이해하는 출발점이다.

두루뭉술한 표현	구체적인 행동 언어
말을 듣지 않아요.	교사가 지시해도 5초 이내에 따르지 않는다.
산만해요.	수업 도중 옆이나 뒷자리에 앉은 학생을 돌아보고 말을 건다.
참을성이 없어요.	수업 도중 자기 차례를 기다리지 못하고 불쑥 끼어들며 말한다.
폭력적이에요.	급우와 신체 접촉을 하여 손으로 때리거나 발로 찬다.

업스트림 예방 전략, 환경을 바꿔라

　다음은 교사가 문제행동이 있는 학생을 어떻게 대하는지에 초점을 두고 관찰한 실험이다. 야콥 쿠닌(Jacob Kounin)[8]은 초등 일반학급 수업 수천 개를 녹화하였다. 연구자들은 학급에서 유능한 교사는 적절한 교수 행동을 할 것으로 추측했다. 유능한 교사와 그렇지 않은 교사 사이에는 분명한 교수 전략의 차이가 있을 것으로 생각한 것이다. 그러나 실험 결과, 어떤 교사든지 훈육 절차에는 크게 차이가 나지 않음이 발견되었다. 단지 문제행동을 잘 관리하는 교사에게서 특정 행동 범주가 발견되었다. 그것은 문제행동 이후보다 '그 이전에' 무언가를 하는 행동이었다. 쿠닌은 "이런 교사들이 학생의 문제행동 제지에 시간을 적게 들이면서 수업에 더 많은 시간을 사용하고, 사소한 문제가 크게 발전되지 않도록 했다"라고 발견한 사실을 소개했다.

문제행동을 잘 관리하는 교사는 문제행동이 일어난 후의 훈육보다 '예방'에 중점을 둔다. 아들은 검지와 가운뎃손가락을 물어뜯는 습관이 있다. 2~3년 정도 지나자 손가락이 빨갛게 변했다. 게임할 때, 공부할 때, 불안해질 때 책상에 앉으면 손을 입에 대고 뜯었다. 병원에서 처치해도 그때뿐이었다. "왜 못 고치냐? 뜯지 마라. 손 기형 되겠다." 잔소리는 아들 귀에 딱

8　Jacob Kounin은 교사의 학급경영이 학생 행동에 미치는 효과를 분석한 최초의 학자로 심리적 역동성에 주목하지 않고, 교사와 학생 행동 간의 인과관계만을 연구하였다. 초등 일반학급 수천 개의 수업을 녹화하고, 관찰. 분석하여 Kounin모형(1970)을 개발했다.

지가 될 정도였다. 그래서 쿠닌이 말한 것처럼 아들의 행동을 고치려는 훈육보다 문제행동 발생 이전에 무언가를 하려고 했다. 나는 "책상에 앉았을 때 손톱을 뜯지 않도록 환경을 바꾸려면 어떻게 해야 할까?"라고 질문을 바꿨다. 그리고 여러 가지 시행착오를 거쳤다. 아들이 책상에 앉을 때 연고를 먼저 바르고 공부를 시작하게 한다든지, 손톱깎이를 필통에 둔다든지, 껌을 씹는다든지 등 목표행동을 세우게 했다. 그리고 기록, 점검, 보상을 강화하였다. 그러자 아들의 행동에 조금씩 변화가 생겼다. 한 달 정도 흐르자 빨갛게 변했던 손가락이 본래의 색을 찾기 시작했다. 두 달이 지나자 손가락 문제는 사라졌다. 내가 아들의 버릇을 바꾸고자 했을 때 아들의 행동은 바뀌지 않았다. 그러나 문제행동 전에 환경을 바꿔서 예방하니 행동에 변화가 있었다.

다음은 약물 중독자의 이야기이다.

장기간 약물을 끊은 후에 왜 재발이 될까? 약물 중독자가 치료받으러 들어가서 몸에서 약물을 깨끗이 없애버린다. 그는 치료가 되었다는 느낌이 들고, "다시는 약물 사용에 빠지지 않을 것이다."라고 확신한다. 치료센터를 떠나 집으로 돌아가서 며칠 만에 다시 약물중독에 빠진다.

"왜 그럴까?" 과거의 약물 중독자는 약물에 중독되었던 환경으로 돌아가게 된다. 똑같은 약물 공급자가 있는 똑같은 동네, 똑같은 친구와 친지들, 똑같은 공원이 있는 데로 갔다. 그 사람과 장소 중에는 약물과 연합되었던 곳이 많다. 약물 공급자가 약물을 팔았고, 몇몇 친구와 이웃들이 그와 함께 똑같은 골목과

> 방, 공원에서 약물을 했다. 이 조건자극이 조건반응, 약물에 대한 갈망과 기타 금단증상을 비롯한 반응을 유발한다. 그에게 마약을 팔던 사람이 다시는 그에게 접근하여 공짜로 한 대 맞으라고 하지 않는다고 하더라도 다른 단서들 때문에 절제하기 힘들다.
>
> - 『학습과 행동』 152쪽 -

올즈(James Olds)와 밀너(Peter Milner) 및 연구자들에 의하면 중독, 도박과 같은 행동은 뇌의 '보상중추(reward center)'를 자극한다고 한다. 외부적 환경 조건이 보상중추에 영향을 미쳐 강력한 행동을 일으킨다는 것이다. 중독자가 치료받고 집에 돌아오지만, 주변 환경은 변한 게 없다. 병원에서는 신경회로를 바꿔 놓았는지 몰라도, 집이라는 환경에서는 여전히 보상회로가 기억된 대로 작동한다. 이렇게 되면 아무리 노력해도 헛수고일 뿐이다. 『업스트림』의 저자 댄 히스(Dan Heath)는 상류가 아닌 하류에서 문제를 해결하려고 하는 것은 많은 경우 시간 낭비에 불과하다고 말한다. 문제가 다시 반복되기에 비효율적이라는 것이다. 약물 중독자가 '집으로 돌아오면' 다시 약물을 하게 되고, 아들이 '책상에 앉으면' 다시 손을 뜯는 행동으로 악순환되는 것과 같다.

문제 해결은 '상류'에 있다. 쿠닌의 실험 역시 문제행동이 일어난 후 꼬인 실타래를 풀려는 것보다 실이 엉키기 전에 미리 꼬임을 차단하는 전략이 효과적임을 보여준다. 문제행동이 일어난 후의 훈육도 중요하지만, 근원적인 해결은 사전에 무엇인가를 하는 '업스트림' 전략이다. 책상에 앉자마자 손을 뜯기 전에 '연고를 바르는 상황'으로 환경을 변화시켰듯이, 친구를 때리지 않는 환경으로 변화시키는 것이 '업스트림 전략'이다. "행동을 어떻게 바꾸지?"가 아니라 "환경을 어떻게 바꾸지?"라는 질문이 업스트림 발상이다. 내 생각과 행동들이 이러한 질문으로 변화되어 갈 때, 내가 담당하고 있는 아이의 문제행동은 변화될 여지가 생긴다. 우리가 소개하려는 행동지원 프로세스도 예방에 중점을 둔 업스트림 전략이다.

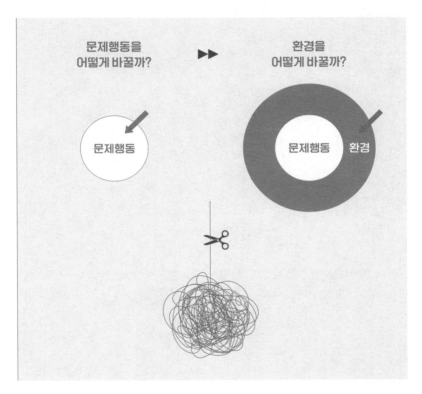

생각 나눔

1. 우리 반에 정서·행동 문제를 보이는 어떤 학생이 있는가?

2. 학생의 문제를 인정하지 않는 학부모로 인해 어떤 어려움이 있었는가?

3. 학생의 문제행동은 '행동 문제' 수준 인가, '이상행동(장애)' 수준 인가?

4. '행동을 보는 렌즈'로 바꾸기 위해서 어떠한 노력이 필요한가?

2장

문제행동은
지속된다

우리가 지금까지
늘 해온 일을 계속하는 한
우리는 늘
같은 결과에 봉착할 뿐이다.

– Laura A. Riffel –

레퍼토리 둘.
고리를 끊지 못하는 이유는?

　'중2 때문에 북한이 쳐들어오지 않는다'는 말에 백배 공감한 적이 있다. 중2가 된 아들이 컴퓨터 게임에 빠졌다. 처음에는 하루 1시간만 하자는 약속을 지켰다. 그런데 점점 게임 시간이 늘더니 하루에 3~4시간 이상을 하게 되었다.

　"약속을 왜 안 지키니?"

　"게임하다 보면 그렇게 돼."

나는 컴퓨터에 비번을 걸었다. 아들은 비번을 금방 알아내고 다시 게임을 했다. 나는 차분한 훈계로 시작했으나 결국엔 험한 말까지 쏟아내고야 말았다. 아들은 문을 걸어 잠갔다. 나는 방문 열쇠를 따고 들어가서 잔소리를 늘어놓았다. 그동안 아들과 나는 한 지붕 두 가족이 되었다. 나와 아들은 이런 프레임에 갇혀서 수개월을 지냈다. 어느 지점에서 그 고리를 끊어야 했을까?

교실에서도 나와 별이는 악순환의 고리에서 빠져나오지 못하고 있었다.
별이는 1교시가 넘어서야 교실에 도착했다. 오자마자 가방을 책상에 던지
고 엎드렸다. 나는 별이에게 말했다.

　"수학책 꺼내고 56쪽 펴!"

별이는 듣는지 마는지 미동도 하지 않았다. 조금 더 큰 목소리로 다시 말
했다.

　"수학책 펴!"

별이는 엎드린 채 힐끗 쳐다보고는 다시 얼굴을 가방에 파묻었다. 나는 별
이에게 다가가서 재차 말했다.

　"수업 시작되었어. 책 펴!"

별이는 가방을 밀어내고 수학책을 꺼냈다. 나는 교탁으로 와서 수업을 이
어갔다. 그런데 별이는 수학책을 책상 위에 놓기만 하고 다시 엎드렸다. 나
는 화가 올라와서 큰 소리로 말했다.

　"교과서 56쪽 펴!"

　"도대체 왜 맨날 나한테만 뭐라 그래요?"

　"너만 수업 준비를 하지 않으니까 그렇지."

별이가 눈을 치켜뜨고 노려보면서 중얼거렸다.

　"지금 뭐라고 했니?"

　"뭐요?"

　"선생님한테 그게 무슨 말버릇이야? 너 진짜 혼나야겠구나!"

　"아이 씨. 책 좀 안 폈다고 내가 그렇게 잘못했어요?"

　"너 때문에 수업을 못 하고 있잖아."

별이는 교실 문을 박차고 나갔다. 나는 나가는 별이를 멍하니 바라봤다. '어떻게 해야 하나?' 수많은 생각이 순식간에 뇌리를 스쳐 지나갔다. '아이들을 자습시키고 별이를 찾으러 가야 하나? 무시하고 수업을 해야 하나? 우리 반을 옆 반 선생님께 부탁드리고 나가서 찾아봐야 하나? 교감 선생님께 별이를 찾아 달라고 부탁해야 하나?' 어떤 것이 최선일지 무엇 하나 뾰족한 수가 없었다.

'티끌 모아 태산'처럼 만들어진 문제행동

방학 때면 종일 스마트폰만 들여다본다. '내가 왜 이러고 있지?' 자괴감이 들 때도 많다. 그 시간에 운동하고 싶지만 쉽지 않다. 가끔 유혹을 이겨내고 실내 자전거를 타면 뿌듯하다. 하지만 한두 번 자전거를 탔다고 행동이 금방 바뀌는 것은 아니다. 왜냐하면 스마트폰을 보는 습관은 티끌 모아 태산처럼 만들어진 행동이기 때문이다.

별이의 책상 아래에는 스티커를 떼고 남은 종이, 그림 그리고 버린 종이 등 수업에 방해가 될 정도로 폐휴지가 많았다.
"별아, 네 주변에 떨어진 폐휴지를 재활용 상자에 버리렴."
그러나 별이는 몇 번을 말해도 듣지 않았다. 폐휴지가 생기면 무조건 쓱 밀어서 책상 밑에 버렸다. 혹시라도 나에게 발견되어 호되게 꾸중을 들으면 행동이 줄어들지도 모르겠다. 그러나 별이 어머니의 말에 의하면 휴지를 어딘가에 밀어 넣는 습관이 시작된 것은 아주 어렸을 때부터라고 한다. 그래서 별이는 폐휴지를 재활용 상자에 버리라는 지시를 금방 따르지 못한다. 별이의 문제행동은 가정, 친구, 기질 등 복잡하고 까다로운 원인들이 얽혀 형성된 것이라 행동을 바꾸기가 쉽지 않다. 또한 규칙에 대한 이해가 부족한 것인지, 타고난 반항심이 있는 것인지 근본 이유를 알 수 없다.

위와 비슷한 예로 별이에게 "교과서를 펴라. 그러면 공부를 잘 하게 될 거야." 그러면 별이가 이에 수긍하고 "아, 내가 책을 펴면 공부도 잘 할 수 있을 거야"라고 생각할까? 혹 책을 몇 번 펴는 것이 평가에 반영된다고 하면 조금 더 행동하게 될지도 모르겠다. 그러나 평가가 끝나도 책을 펴는 행동이 지속될지는 알 수 없다. 책을 펴는 것이 공부를 잘하게 되는 일에 직접적으로 영향을 주지는 않는다는 것을 별이도 알고 있기 때문이다. 책을 펴는 것과 공부를 잘하는 것 사이에는 가까운 연관이 없다. 즉, 책을 펴지 않으려 하는 별이의 행동은 이미 습관화된데다 책을 펴는 행동 직후에 눈에 보이는 변화가 나타나기 힘들기에 궁색한 변명을 이겨낼 힘이 없다. 기본적으로 나의 지시를 따라야 가르쳐 볼 수 있을 텐데, 별이는 유치원 시절부터 교사의 지시 불이행이 습관화되어 있었다. 별이도 쓰레기를 버리는 행동이 잘못되었다는 것은 알고 있다. 그래서 본인도 그 행동을 하고 싶어 하지는 않는다. 그러나 별이가 그런 마음이라 해도 문제행동은 티끌 모아 태산처럼 긴 시간 동안 굳어진 행동이기에 그리 간단히 바뀌지 않는다.

강압적 상호작용

별이의 문제행동은 이미 삶 속에 뿌리를 내리고 있다. 그리고 그 문제행동은 나와 별이의 학교생활을 좌지우지한다. 그뿐만 아니라 다른 아이들의 수업도 방해하고 있다.

"매일 같이 문제행동이 반복되는 이유는 무엇일까?"

위의 레퍼토리에서 보면 나와 별이는 강압적 상호작용을 하고 있다. 강압적 상호작용은 별이가 문제행동을 하고 있을 때 내가 무언가를 하라고 요구하지만, 그 요구를 따르지 않을 때 시작된다. 나의 요구는 반복되고 별이는 이를 따르지 않으려고 소리 지르기, 말다툼, 물건 던지기, 신체 공격 등 적대적인 반응을 보인다. 별이가 이렇게 반응하면 나도 지시에 따르게 하려고 더 높은 강도로 대응한다. 별이의 행동 강도는 더욱 거세지고 나는 어쩔 수 없이 요구를 철회한다. 나의 요구가 철회되면 별이도 행동을 멈춘다.

이런 프레임이 반복되면 별이는 소리를 지르거나 교실을 탈출하는 방식으로 문제를 해결할 수 있다는 배움을 얻게 된다. 다음에도 이런 문제가 생기면 같은 방식으로 반응할 가능성이 크다. 별이는 문제행동을 무의식적으로 유리한 생존 전략으로 인식한다. 별이는 원하지 않는 상황을 회피하기 위해 적대적인 행동으로 반응하는 법을 프로그래밍한다.

이를 행동 원리로 설명하면 별이는 원하는 것(수학 수업을 하지 않는 것)을 적대적인 행동(문제행동)으로 회피할 수 있게 되었고, 이는 '부적 강화'가 되어 행동을 강화한다(Patterson,1982). 나와 별이는 결국 둘 다 잃는 상황을 초래했

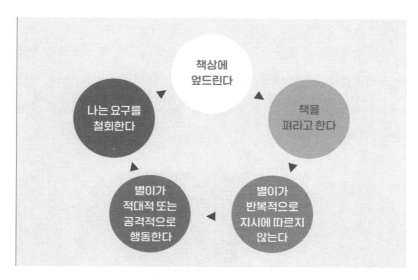

☆

고 회피와 거부의 목적으로 문제행동을 할 가능성을 높였다(Shores, Gunter & Jack, 1993).

강압적 상호작용이 최고조에 이르면 학급에 위기 상황이 연출되고 방과 후 남기, 생활교육위원회 개최 등의 뒷수습으로 고심하게 된다. 결국 강압적 상호작용이라는 프레임에 갇히면 사후 처리 방식으로 문제를 해결할 수밖에 없게 된다. 불행히도 이런 시나리오는 매일 수천 개의 교실에서 발생하며 교실 생태계를 교란하고 교사와 학생 관계를 손상시키고 있다(Wallker, Ramsey, & Gresham, 2003). 교사가 강압적 상호작용을 선택하는 이유는 비록 잠시지만 행동을 가라앉히고 긴장을 해소하는 효과가 있기 때문이다. 그러나 계속 사후 문제 해결 방식에 의존하면 교사와 학생의 관계만

악화되고 만다.

강압적 상호작용을 망원경으로 더 자세히 들여다보자. 그 상호작용 속에는 점진적인 폭발 행동이 숨어있다. 그것을 '폭발 행동(acting out)/위기 모델(crisis model) 7단계'라고 한다(Colvin & Sugai, 1989). 앞서 본 시나리오로 폭발 행동 7단계를 이해해 보자.

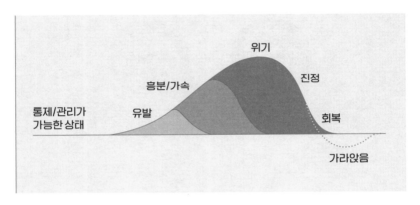

☆ 출처 : 국립특수교육원, 장애 학생 위기 행동 대처 매뉴얼, 2019

별이가 아침에 기분이 좋지 않은 상태로 교실에 들어왔다. 1교시 수업 시간에 교사가 교과서를 꺼내라고 하자, 책상에 엎드리는 문제행동을 시작한다. 이것이 환경적, 사회적 자극을 받아 행동 문제가 시작되는 '유발 단계'이다.

별이는 말로 하는 방해 행동을 계속하였지만, 적절히 무시하고 반응하면서 수업을 이어갔다. 교사가 교과서를 꺼내라고 했는데 별이는 쳐다보다 겨우 책을 꺼내놓기만 하고 펴지 않았다. 교사의 지시가 몇 번 더 있었고,

별이는 적대적인 행동을 이어갔다. 불안과 동요가 지속해서 나타나고 행동 강도가 점차 강해지는 '흥분/가속 단계'이다.

별이는 짜증이 난다며 교사에게 화를 내고 소리를 지르다 교실을 나가버렸다. 이는 통제 불가능한 상태로 폭력적인 행동과 위협적인 언어를 할 수도 있으며, 달려 나가거나 뛰쳐나가는 등 예상 밖의 행동을 하는 '위기 단계'이다.

교감 선생님이 별이를 데리고 교무실에서 안정을 취하면서 폭발 행동은 잦아들고 심리적 저항이 다소 소강된다. 이게 '진정/회복 단계'이다.

학생과의 상호작용이 강압적으로 흐르면 이와 비슷한 단계로 폭발 행동이 일어난다. 모든 문제행동이 7단계를 거치는 것은 아니지만 대체로 행동 강도가 높은 폭발 행동들은 위기 단계를 거친다. 이 단계를 지나면서 문제행동의 빈도와 심각도가 강해진다. 교사들은 이런 폭발 행동 과정을 이해하지 못하고, 위기 단계에서 개입하기 때문에 강압적 상호작용은 반복된다. 폭발할 때 개입하는 사후 문제 해결 방식은 문제행동을 지속시키거나 심화시킨다.

후속 결과가 문제행동을 지속시킨다.

"아이 개짜증 나."

"내가 너한테 이런 말까지 들어야 하니? 빨리 사과해!"

"싫은데요?"

나는 별이와 실랑이를 하느니 상담실에 보내는 게 낫겠다는 생각이 들었다.

"그럼 상담실로 갈래?"

"그래요. 갈래요."

나는 상담 선생님께 전화를 드리고 별이를 데리고 상담실로 갔다. 간단하게 자초지종을 말씀드렸다. 별이는 상담 선생님께 억울함을 호소한 뒤 만화를 읽으며 시간을 보냈다. 별이는 국어 문제를 푸는 것보다 상담실에서 보내는 시간을 더 좋아했다. 문제행동을 했어도 별이는 상담실에서 편안하게 머물 수 있었다. 그리고 교사는 별이가 빠진 교실에서 다른 학생들과 정상적인 수업을 진행할 수 있다. 이후 몇 번의 비슷한 사건이 발생했지만 반복해서 상담실을 이용하는 것으로 마무리됐다.

별이는 수업 방해가 심해질 때마다 내가 상담실로 보낸다는 것을 알아차렸다. 별이는 국어 공부가 싫을 때마다 수업을 방해했다. 교사인 나는 다른 아이들의 학습권을 지켜준다는 목적으로 별이를 상담실에 보내는 반응을 지속했다.

수업 방해 행동을 고치려 했던 나의 반응이 오히려 문제행동을 심화시켰다. 나는 자괴감에 빠지고 지치기도 했다. 적절한 행동을 강화하려는 선한 의도와 달리 오히려 강화의 덫에 빠져버린 것이다. 나는 별이의 문제행동을 멈추게 하려는 의도로 상담실에 보냈지만, 결과적으로는 수업 시간을 회피하는 행동을 강화한 것이다.

또 다른 예로 놀이 수업 중에 규칙을 지키지 않을 때마다 교사는 별이를 꾸중했다. 별이는 그때마다 반항 행동을 했다. 별이의 규칙 어김이라는 행동에 교사가 꾸지람으로 반응하자 문제행동은 더 강화되었다. 즉, 교사가 꾸지람이라는 반응으로 후속 결과를 표현했을 때 반항의 빈도와 심각성의 비율은 점차 높아졌다. 교사는 별이가 규칙을 어겼을 때 효과 없는 반응을 반복하고 있었다. 그래서 처음에는 교사가 감당할 수준의 반항 행동을 했으나, 나중에는 교사가 감당할 수 없을 정도로 별이의 반항 행동은 커져 있었다.

이렇게 교사의 의도와 상관없이 교사가 반응하는 후속 결과는 별이가 앞으로 할 문제행동 발생 가능성을 높인다. 교사가 후속 결과의 영향을 깨닫지 못하면 학생의 행동은 지속될 것이다. 그래서 교사는 의도하지 않은 후속 결과가 제공되고 있음을 알았을 때 바로 개선해야 한다. 교사의 후속 결과가 계획적이고 일관될 때 바람직한 행동을 증가시키게 될 것이다.

자극 통제된 교사

불이 켜지면 레버를 누르고 불이 꺼지면 레버를 누르지 않도록 쥐를 학습시키는 실험을 한다. 연구자는 쥐가 불이 켜질 때 레버를 누르면 먹이를 주고, 불이 꺼질 때 레버를 누르면 먹이를 주지 않는 식으로 훈련했다. 얼마 뒤, 쥐는 '불빛'이라는 신호를 알아차리고 불이 켜질 때 레버를 누르게 되었다.

연구자는 '불빛'으로 쥐를 조종할 수 있게 되었다. 연구자가 켰다 껐다 하는 전동스위치(불빛 조종) 하나로 쥐의 레버 누르기 행동을 통제할 수 있게 된 것이다. 쥐는 '불빛'이라는 변별자극 상황에서 레버 누르기라는 행동으로 자극 통제되었다.

자극 통제(stimulus control)란 어떤 변별자극 상황에서 똑같은 행동을 되풀이하는 것을 의미한다. 마치 우리가 도로에서 운전할 때 빨강 신호등에서는 브레이크를 밟고 초록 신호등에서는 가속페달을 밟는 것과 같다. 우리의 행동은 '신호등'이라는 변별자극 때문에 자극 통제된 것이다. 우리는 알게 모르게 어떤 변별자극 상황에 의해 여러 가지 행동들로 자극 통제된다. 그리고 그 결과는 다음 행동에 영향을 미친다. 자극 통제된 행동들이 빈도, 강도, 심각성에서 어느 정도 차이는 있겠지만 무의식화된 이런 행동들은 쉽사리 변형되지 않는다.

자주 가는 카페가 있다. 카페의 창가 자리는 안정감을 준다. 거기 앉으면 집중이 잘 된다. 다른 자리는 어쩐지 편치 않았다. 창가 자리에 앉았을 때 글을 많이 쓸 수 있어서 다음에도 창가 자리에 앉았다. 나는 이미 창가 자리에 자극 통제되어 있었다.

아파트 주차장 자리에도 선호하는 자리가 있다. 주차하기 쉽고 빼기 쉬운 자리다. 퇴근 후 주차장에 왔을 때 그 자리가 비어있으면 편안하고 비어있지 않으면 마음이 불편하다. 특정 자리에 주차했을 때 후속 결과로 차를 쉽게 뺄 수 있어서 나는 또다시 그 자리를 찾는다. 나는 특정한 주차 자리에 변별자극으로 자극 통제된 것이다.

다시 교실로 돌아와서 나와 별이가 서로 어떻게 자극 통제되었는지 2장 레퍼토리를 토대로 분석해 보자.

학생의 행동	교사의 반응
엎드린다	일어나서 바르게 앉아
또 엎드린다	"몇 번을 얘기했어. 빨리 일어나서 책 펴"라고 소리치기
싫어요!	"책 펴라니까" 재차 반복하기
교실 이탈	교무실에 SOS 요청하기

내가 문제행동을 지적하자 별이는 듣는가 싶더니 또다시 같은 문제행동을 반복했다. 즉, 엎드리기 → 교사의 소리치기 → 별이의 적대적인 행동 → 교실 이탈로 문제행동은 심화하였다. 같은 학생, 같은 상황, 같은 문제행동에 대해서 나는 소리치는 행동을 반복하고 있다. 교사는 '별이의 엎드리기'라는 변별자극 상황에서 '소리치기'라는 후속 결과로 자극 통제되었다. 별이 또한 '교사의 소리치기'라는 변별자극 상황에서 '적대적인 행동'으로 자극 통제되었다.

교사의 소리치는 훈육방식 자체가 잘못되었다고 폄하하고 싶지는 않다. 아이가 잘못하면 크게 꾸중할 필요도 있기 때문이다. 그러나 별이를 꾸중해서 행동이 좋아진다면 효과적인 대처가 되겠지만, 행동에 변화가 없다면 '교사의 소리치는 행동'은 효과 없는 대응에 불과하다. 오히려 문제행동이 심화되고 있다면 소리치는 행동은 별이에게 관심으로 작동되고 있을 확률이 높다.

이러한 강압적 상호작용 패턴 자체가 교사와 학생이 모두 자극 통제된 행동이다. '앞으로 같은 상황에서 야단치지 않을 거야'라고 아무리 강하게 결심을 해도 잘 실천되지 않을 것이다. 자극 통제된 행동은 바꾸기 어렵기 때문이다. 지속되거나 심화할 가능성이 크다.

별이의 문제행동 후 나의 후속 결과는 문제행동의 출현을 강력하게 결정할 수 있다. 별이의 문제행동이 지속된다면 어떠한 변별자극 때문에 나의 후속 결과가 자극 통제되고 있는지 살펴봐야 한다. 마치 중력의 힘으로 사과가 떨어지듯이 나를 끌어당기는 힘이 무엇인지 알아야 한다.

가정과 학교의 일관성 없는 훈육이 문제행동을 지속시킨다.

별이는 수업 중에 갑자기 교실 밖으로 뛰쳐나갔다. 나는 무슨 일인가 싶어 따라 나갔다. 별이는 교실 옆에 설치된 컬렉트 콜 전화기를 붙잡고 엄마와 통화했다.

"엄마, 새로 산 물통에서 물이 새서 가방이 젖었어."

"별아, 전화 끊고 들어와. 수업 시간이잖아"

별이는 내 말을 듣는 둥 마는 둥 했다. 그리고 엄마와 말을 계속 이어갔다. 나는 어서 들어오라고 한 번 더 이야기한 후 교실로 들어왔다. 하교 후 별이 어머니에게 전화를 걸었다.

"어머니, 별이가 수업 중에 전화하면 따끔하게 혼을 내고 빨리 교실로 들어가라고 해 주세요."

"선생님, 저도 얼른 들어가라고 하는데 들어가지 않더라고요"

"엄하게 말해서 들여보내셨어야죠."

"다음에는 그렇게 할게요."

며칠 후 별이는 받아쓰기에서 100점을 맞았다. 수업 중 별이는 엄마에게 자랑한다며 전화를 하러 나갔다.

"엄마, 나 100점 맞았어."

별이는 엄마와 이런저런 이야기를 하고 교실로 들어왔다. 나는 별이에게 수업 중 전화하러 나가지 말라고 단호하게 말했다. 하교 후에 다시 별이 어머니에게 전화했다.

"어머니가 자꾸 전화를 받으시니 별이가 계속 전화를 하는 것 같아요. 급한 일이 있으면 제가 전화하겠으니 수업 중에 컬렉트 콜로 전화하면 받지 말아 주세요."

별이 어머니도 그러겠다고 하셨다. 그런데 며칠 후 별이는 수업 중에 또 컬렉트 콜 전화를 하러 나갔다. 따라 나가서 들어보니 이번에는 아침밥을 먹지 않았으니 집에 가면 맛있는 것을 해달라는 것이었다. 하교 후 전화를 했더니 별이 어머니는 내가 예상했던 반응을 하지 않으셨다.

"선생님, 별이가 얼마나 그 말이 하고 싶으면 그러겠어요."

"저는 별이가 계속 수업 중 나가서 전화하게 될까봐 걱정돼요."

"선생님, 별이의 정서가 불안정한 편이라 전화하면 제가 받아줘야 할 것 같아요."

별이가 수업 중 컬렉트 콜 전화하면 받지 말아 달라고 누누이 말씀드렸지만, 별이 어머니는 심각하게 생각하지 않으셨다. 그 뒤에도 별이는 계속해서 수업 중에 전화했다. 그해 1년 동안 별이는 수업 중이나 쉬는 시간을 가

리지 않고 엄마에게 해야 할 말이 생각나면 바로 컬렉트 콜 전화기로 달려
갔다. 나는 어머니의 양육 방법에 힘없이 무너졌다.

학교에는 가정에 없는 다양한 자극이 존재한다. 가정에는 학교만큼의
다양한 자극은 존재하지 않는다. 가정과 학교는 별이가 영향을 받는 환경
이 다를 수밖에 없다. 학부모는 별이의 문제행동이 어떻게 나타나는지, 또
그 문제행동이 어떤 영향을 주는지 이해하지 못하는 경우가 많다. 그래서
양육자가 학교라는 환경을 잘 이해하지 못하면 자기 양육 방법을 주장한
다. 별이는 엄마와 교사 사이에서 혼란에 빠질 수밖에 없다. 그렇게 되면
별이는 교사의 지시를 따르지 않는다. 아이의 문제행동에 대한 이해가 다
르면 가정과 학교에서 일관성 있는 훈육이 불가능해지고 문제행동은 증
가하거나 지속될 것이다.

생각 나눔

1. 티끌 모아 태산처럼 만들어진 나의 행동 습관은 무엇인가?

2. 내가 경험한 강압적 상호작용은 무엇이 있는가?
   학생이 문제행동을 할 때 나의 반응(후속 결과)은 어떠했는가?

3. 나는 교실에서 어떤 변별자극에 자극 통제되어 있는가?

   (예) 교사가 4학년이라고 말하면 아이들이 손뼉을 치면서 1반이라고 말하면서 손 머리하는
   행동을 훈련했다고 하자. 그러면 학생은 교사의 "4학년"이라는 변별자극에 "1반과 손 머리"라는
   행동으로 자극 통제되었다.

4. 양육자와 나의 다른 교육방식으로 인해서 나는 어떤 곤란을 겪었는가?
   그것은 학생의 문제행동에 어떤 영향을 미쳤는가?

3장

문제행동은
이유가 있다

행동은
'무엇을 얻음'이나
'무엇에게서 벗어남'에 의해
강력해질 수 있다.

– John O. Cooper, Timothy E.Heron,
William L.Heward –

레퍼토리 셋.
살기 위해 몸부림치는 아이

별이는 키가 제일 큰 영수와 가끔 신경전을 벌인다. 오늘 피구 시간에도 그랬다. 영수가 금을 넘자 별이는 욕을 했다.

"너도 예전에 그랬잖아."

"또라이."

영수도 참지 못하고 "C~8"이라고 했다. 별이가 영수에게 덮치듯 달려들었다. 피구 경기 중 순식간에 일어난 일이었다. 나는 빨리 달려가 뜯어말렸지만, 싸움을 말리기에는 힘에 부쳤다. 갑작스러운 사태에 놀란 아이들이 몰려들었다.

"야, 왜 그래?"

말리는 아이들도 별이에게 맞았다. 별이는 싸움에서 밀리는 것을 견딜 수 없을 정도로 싫어했다. 그래서 별이와 싸우면 누구도 당해낼 수 없었다. 별이의 공격 행동이 잦아들지 않으니 학급은 늘 불안했다. 나는 별이에게 왜 그렇게 달려드냐고 물어봤다.

"친구들이 무시하잖아요."

친구들 사이에서 힘 있는 아이로 인정받고 싶은 것 같았다. 그런 별이에게 진짜 인정받고 사는 것이 무엇인지를 여러 번 알려주었지만 별이의 생각을 바꾸기는 쉽지 않았다. 별이는 학급에서 살아남기 위해 공격 행동을 선택한 것 같았다. 검사 결과, 별이는 우울지수와 공격성이 모두 높게 나타났다. 우울한 마음을 공격 행동으로 대체하고 있었던 것일까? 살기 위한 욕구를 온몸으로 표현했던 것은 아닐까?

행동으로 말한다

점심을 먹고 급식실 밖으로 나갔다. 운동장을 보니 뭔가 심상치 않은 일이 벌어진 것 같았다. 불길한 예감은 왜 항상 맞는 것일까? 예상대로 별이는 옆반 아이를 덮치고 있었다. 나는 무의식적으로 그쪽을 향해 내달렸다. 아이들을 진정시키고 이유를 물어보았다. 별이가 먼저 말했다.

"급식실에 들어가기 전에 마음에 드는 막대기를 발견했어요."

점심 먹고 나서 가지고 놀려고 했는데 나와서 보니 벌써 옆반 아이가 주워서 놀고 있었고, 그래서 별이는 그 막대기가 자기 것인 양 빼앗으려고 했다고 한다. 보통 아이들 같으면 막대기를 포기하거나 말로써 자기의 상황을 설명했을 것이다. 그런데 별이는 행동이 먼저였다. 별이는 적절한 말로 자기 생각을 표현하는 것이 어렵다.

평소에도 별이는 무엇을 해야겠다고 마음먹으면 반드시 하는 편이다. 그것이 옳은지, 위험한지를 따지지 않는다. 나는 이해되지 않는 부분이 많았다. 별이의 행동은 예측되지 않기 때문에 예방적 대처도 어려웠다. 일반적인 아이들의 경우 행동을 예측할 수 있지만, 별이는 언제 어디서 문제행동을 터뜨릴지 모르기 때문에 늘 불안하다. 별이가 안정적일 때는 다른 아이들과 마찬가지로 훈계를 하면 잘 알아듣는다. 그래서 나도 한 번 더 믿어보자면서 의지를 다진다. 그러나 이내 또 다른 사건이 발생한다. 하루하루가 외나무다리를 걷고 있는 것 같다. 별이를 어떻게 도와야 할까?

별이처럼 힘든 마음을 문제행동으로 표현하는 아이들이 있다. 자신이 처한 문제를 적절한 말로 표현하지 못하기 때문이다. 힘든 마음을 표현하는 방법을 알려주고 싶지만, 교실에는 다른 아이들도 있다. 그래서 별이의 문제행동을 촘촘히 들여다보며 아이의 마음을 읽어줄 시간이 부족하다. 아이가 문제행동을 하면 '문제'라고 받아들이기보다 아이가 문제행동을 통해 어떤 '말'을 하고 있는지를 생각해 보자. 문제행동을 '문제'로 볼 때와 달리 무엇을 요구하는 '말'로 보면 대처 방법이 달라진다. 문제행동을 통해 말하는 바를 읽어낸 교사는 감정적으로 대처하기보다 문제행동의 발생 원인을 생각할 가능성이 크다.

그래서 문제행동에 대한 교사의 인식 변화가 필요하다. 문제행동을 "나 어딘가 문제가 있어요. 도와주세요."라는 아이들의 메시지로 받아들여 보자. 어쩌면 아이가 보여주고 있는 문제행동은 그 아이에게는 제일 나은 선택일지도 모른다. 그러니 살기 위해 몸부림치는 한 아이의 문제행동 속에 담긴 침묵의 외침을 들어 보자.

행동에는 동기가 있다

옆반 아이가 놀이 공간 안에 있는 콩주머니 플라스틱 통을 정리하고 있었다. 그런데 별이가 갑자기 통 뚜껑을 달라면서 빼앗으려 했다. 그 아이가 뚜껑을 주지 않자 별이는 발로 차고 손으로 때렸다.

"저는 뚜껑으로 원반던지기를 하고 싶은데 안 주잖아요"

그러자 다른 반 아이가, "뚜껑은 원반던지기 하는 데 사용하는 것이 아니거든." 하면서 어이없어했다.

지금까지 별이는 이런 식의 문제행동으로 자기가 원하는 것을 얻고 있었다. 오랫동안 유지해온 자기 나름의 세상과 소통하는 방법이었다. 나는 별이가 친구들을 때리는 이유가 마냥 높은 공격성을 조절하지 못한 결과라고만 생각했다. 그런데 동기사정 척도[1]를 해 본 결과 별이는 선생님과 친구들에게 관심을 획득하고자 싸운다는 것을 알게 되었다.

---

1 동기사정 척도: 문제행동의 동기가 '획득'인지, '회피'인지, '감각 추구'인지를 알 수 있는 간단한 검사 도구이다. 구체적인 내용은 7장에서 설명하겠다.

다음 빙산 그림을 보자. 겉으로 드러난 빙산이 별이의 문제행동이라고 하면 아랫부분은 그 행동을 떠받치고 있는 '동기'이다. 윗부분만 보고 아래에 잠겨있는 동기는 놓치기 쉽다. 보이지 않는 숨겨진 동기는 문제행동을 해석하고 대처하는 데에 중요한 역할을 한다. 동기에는 크게 세 가지 종류가 있다. 무엇을 얻고자 하는 획득, 무엇을 피하고자 하는 회피, 자신도 모르게 어떤 행동을 하는 감각 추구가 있다.

☆

"바라는 것이 있어서 그래요"

선생님의 관심을 갈구하는 영희

쉬는 시간이나 공부 시간에 과제를 마치면 어느 사이에 칠판에 나와서 그림을 그리고 있다. 그러면 아이들이 "선생님, 영희가 칠판에 낙서해요."라고 이른다. 그때마다 나는 "영희야, 칠판에 낙서하지 마."라고 말한다. 하지만 그때뿐이다. 다음에도 기회가 생기면 낙서하고 있다. 하지 못하게 매일 달래기도 하고 야단치기도 한다. 수업 방해가 이만저만이 아니다.

나는 영희가 칠판에 낙서를 반복하는 이유를 알아보기 위해 동기사정 척도[2]를 해 보았다. 그 결과, 영희는 교사에게 관심받기 위해 낙서한다는 것을 알게 되었다.

교사는 아이들이 문제행동을 하면 적절한 행동을 가르치기, 문제행동에 대해 무엇이 잘못되었는지 이야기해주기, 문제행동을 하고 싶을 때 어떤 선택을 할 수 있는지에 대해 함께 결정하기 등을 한다. 이러한 교사의 행동은 당연하다. 그러나 아이들은 교사의 반응을 "아, 내가 ○○한 행동을 하면 관심을 주시는구나!"하는 신호로 받아들일 수 있다. 긍정적이든 부정적이든 학생에게는 교사의 반응 자체가 관심이다. 야단맞거나 훈계를 들으면서 교사와 눈 맞춤하거나 이름을 불러주는 것 자체가 아이에게는 즐거운 경험이다.

---

2   아동의 특정 행동이 어떠한 상황에서 일어날 가능성이 커지는지를 알아보기 위한 질문지

친구들에게 관심받기 위해 애쓰는 윤철이

윤철이는 친구들과 잘 어울리지 못한다. 쉬는 시간에 아이들과 오목을 두었는데 중간에 엉뚱한 규칙- 검은 돌 위에 흰 돌을 얹으면 사라지기-을 내놓는다. 같이 놀던 친구들은 갑자기 왜 그러냐며 반대했다. 윤철이는 그렇게 하고 싶다고 우겨댔다. 윤철이를 설득하던 친구들은 떠나갔다.

어느 날 쉬는 시간, 윤철이는 친구들과 놀다가 갑자기 청소함 밑을 보았다. 친구들이 "무슨 일이냐?"라며 물었다. 윤철이는 청소함 밑에 생명체를 숨겨둔 것이 있는데 찾아야 한다고 했다. 그러더니 10분 정도 납작 엎드려 청소함 밑에 손을 넣고 뭔가를 찾았다. 찾은 것을 보여 달라고 했더니 플라스틱 장난감 통에 수수깡이 들어있었다. 그게 뭐냐고 했더니 러시아 말 비슷하게 말하면서 그것이 이름이라고 했다.

또 다른 예로 놀이시간에 있었던 일이다. 놀이시간에 '팥빙수'라는 자리 차지하기 게임을 했다. 게임을 시작하면서 네 명에게 팥빙수에 넣고 싶은 재료를 말하라고 했다. 세 명의 아이는 떡, 과일, 팥을 이야기했다. 그런데 윤철이는 질소가스를 넣겠다고 우겼다. 팥빙수 게임을 해야 하는데 질소가스 때문에 시작을 못 해서 아이들에게 원성을 샀다. 윤철이는 하기 싫은 활동이 나오면 엉뚱한 이야기를 하며 우긴다. 그러니 윤철이로 인해 활동 시간이 지체되는 경우가 많았다. 윤철이는 엉뚱한 행동이나 말을 했을 때 나와 친구들의 관심을 받는다는 것을 알고 있었다. 관심에 목말랐던 윤철이는 비록 부정적인 방식이지만 관심을 얻기 위해 그런 방식을 선택했다.

위의 사례들처럼 문제행동은 교사나 친구의 관심을 얻고자 하는 동기에서 나오는 경우가 많다. 교사가 '관심 획득'이라는 동기를 제대로 파악하지 못하면 엉뚱한 대처를 할 수밖에 없다. 학생의 문제행동이 무엇을 바라고 나온 것인지 알아차리는 교사의 역량이 필요하다.

"피하고 싶은 것이 있어서 그래요"

긴장되는 상황을 회피하려는 별이

별이는 마음을 글로 표현하는 것을 싫어한다. 국어 시간에 "자신의 경험을 떠올리며 인물의 생각과 비교해 봅시다."라고 말하자마자 엎드렸다. 교과서에 나온 내용을 찾아서 쓰는 것은 어렵지 않게 썼다. 그런데 자기 마음을 글로 표현하는 부분이 나오면 기록하지 않았다. 힘든 경험이 많았던 별이에게는 당연할 수 있다. 쓰기가 싫어서 수업 중에 친구를 건드리거나 딴짓을 하는 등 수업 방해 행동이 이어지고 있었다.

어느 날 별이는 1교시 수업 시간이 되어도 오지 않았다. 엄마는 별이가 이유도 없이 학교에 가기 싫어한다는 말을 전한다. 그 순간 나는 문득 떠오르는 것이 있었다. 오늘이 바로 '과학상상화 그리기 대회' 날이었다. 별이는 상을 받고 싶은 마음이 크지만, 상을 못 받을 것 같으면 그냥 포기하거나 그 상황을 피했다. 왜냐하면 별이는 대회나 평가가 있으면 긴장을 하기 때문이다. 그림을 그리지 않거나 대충 그린 후에 다른 아이들을 방해하러 다녔다. 상을 받지 못하거나, 좋은 평가를 못 받으면 화를 냈다. 누구나 잘

하는 것이 다르기 때문에 괜찮다고 다독여도 잘 받아들이지 않았다. 자기 그림이 맘에 들지 않을 때면 못 그린 그림을 들키지 않도록 팔로 감쌌다. 그러다 포기하고 도화지를 엎어 버린다. 별이는 잘 그리지 못한 그림을 친구들에게 들키기 싫어했다. 그 고통을 피하고 싶어 했다. 그래서 친구들에게 장난을 치거나 친구들 그림을 평가하며 돌아다녔다. 물론, 미술 시간이 끝나면 다음 미술 시간에는 그러지 말라고 타이르기도 하고 혼내기도 했다. 그러나 같은 행동은 미술 시간마다 반복되었다. 별이가 미술 시간에 보인 문제행동은 친구들에게 잘 그리지 못한 그림을 보여주는 상황 회피 기능이라고 할 수 있다.

문제행동의 동기 중 회피 기능이 있다. 위에서 말한 것처럼 회피에는 크게 과제 회피, 상황 회피가 있다. 수학과제를 피하려고 수업 방해 행동을 해서 상담실로 가는 것, 부모님때문에 약속을 지킬 수 없다면서 만남을 회피하는 것, 체육시간에 배가 아프다고 해서 귀찮은 움직임을 모면하는 것은 회피 기능의 예이다.

"멈출 수가 없어서 그래요"

감각 자극을 추구하는 경석이
경석이는 수업 중인데도 나의 눈을 피해 클레이를 하거나 낙서를 하곤 했다. 학기 초에는 경석이가 클레이를 가져와서 정해진 시간 외에 하거나 교과서에 낙서하는 것을 눈감아주곤 했다. 왜냐하면 경석이가 클레이를 가지고 놀고 있거나 교과서에 그림을 그리는 동안은 교실에서 돌아다니거나 아이들을 놀리지 않았기 때문이다. 그런데 언제부터인가 경석이는 시도 때도 없이 클레이를 하거나 교실 공간 어디서나 낙서를 하곤 했다. 사용한 클레이를 쓰레기통에 잘 버리기라도 했으면 좋겠는데, 바닥 곳곳에 떨어뜨려서 아이들의 실내화 바닥에 들러붙기 일쑤였다. 낙서도 그나마 연필 낙서는 지울 수 있지만, 어떤 날에는 네임펜으로 낙서를 해서 그조차 어렵게 했다.

경석이의 두 가지 문제행동에 대해 동기사정 척도를 해 보니 감각 자극 추구가 동기였다. 경석이는 클레이 만지기와 낙서라는 자기 감각 자극으로 만족을 얻고 있었다. 그렇지만 나는 경석이의 문제행동이 감각 자극 추구 기능을 하고 있음을 알고 있으면서도 야단치기에 바빴다. "클레이를 책상 속에 넣어라. 낙서하지 말아라."라는 말이 먼저 나왔다. 어떻게 대책을 세워야 할지 고민되었다. 우선, 경석이 어머니에게 클레이가 필요하면 학교에서 배부할 테니 더는 경석이가 클레이를 들고 등교하지 못하게 해달라고 요청했다. 그랬더니 경석이는 참지 못하고 문방구에서 클레이를 사 왔다. 화장실 세면대 앞에서 클레이에 물까지 묻혀 가며 하고 있었다.

경석이의 이러한 문제행동 감소를 위한 중재 개입을 시작했다. 우선, 경석이가 클레이나 낙서를 하는 주요 시간대를 살펴보았다. 경석이는 주로 수업 중 과제를 대충 아무렇게나 빨리한 후에 그런다는 것을 알았다. 그래서 경석이에게 자주 다가가서 과제 진행 상황에 대해 점검했다. 작은 것이라도 잘하면 어깨를 토닥이고 알아보지 못하게 쓴 글은 지우고 다시 쓰도록 했다. 받아쓰기와 수학 연산 문제 풀이에 발전을 보일 때는 과도할 정도로 칭찬해주었다. 경석이는 그동안 칭찬에 목말라 있었던지 눈을 동그랗게 뜨고 의아해했다. 경석이에게 자주 다가가서 지지해주는 것이 힘들긴 했지만, 점점 클레이나 낙서 시간이 줄어들었다. 낙서의 경우, 발견되는 대로 경석이와 함께 지우개로 지웠다. 경석이 스스로 네임펜으로 한 것은 지워지지 않는다는 것을 깨닫도록 했더니 그 다음부터는 연필로만 했다. 그리고 연필로 낙서하는 것도 벽이나 교실 바닥에 하는 것은 점점 줄더니 결국에는 하지 않게 되었다. 낙서와 클레이 대신 숨은그림찾기나 그림 그리기 세트를 줘서 대안적 감각 자극을 추구하도록 유도했다. 무엇보다 클레이나 낙서를 하지 않아도 되는 환경을 조성하는 것에 집중했다.

감각 자극을 추구하는 행동은 정상적으로 성장하는 아이들이나 행동 문제를 일으키는 아이들 모두에게 나타날 수 있다. 특히 학교에서는 수업 중 지루하거나 답답하거나 무엇을 해야 할지 모를 때 자주 나타난다. 이렇게 감각 자극을 추구하는 행동은 외부 자극이나 환경에 상관없이 누구에게나 나타날 수 있다. 게다가 그 자체가 직접적인 강화가 되므로 멈추기가 어렵다. 예를 들어 손톱을 물어뜯는 행동이나 손가락으로 머리카락을 꼬는 행동도 이에 해당한다. 이런 행동은 멈추려고 해도 잘 멈춰지지 않는다. 왜냐하면 그 행동 자체가 쾌감을 주는 직접적인 강화이기 때문이다. 하지만 감각 자극 추구 행동이 너무 높은 비율로 나타나면 수업 방해 행동으로 연결되므로 체계적인 중재 개입이 필요하다. 왜냐하면 감각 추구 행동을 무작정 제지하면 더 큰 문제행동이 나타나기도 하기 때문이다.

같은 행동, 다른 이유

별이, 영수, 상진이는 같은 태권도 학원에 다닌다. '발차기 해보라'는 영수의 말에 별이는 영수의 몸을 힘껏 찼다. 별이가 사과했지만, 영수는 아파서 울었다. 그래도 금방 웃으며 함께 놀았다. 3월 한 달 동안 상진이와 친해졌다고 생각한 영수는 상진이가 화장실에 들어가자 나오지 못하도록 문을 눌렀다. 상진이는 당황하며 소리를 질렀다. "문 열어!" 영수는 그제야 문을 열어주었다. 영수는 상진이에게 미안하다고 말하고 어깨동무하고 교실로 들어왔다. 별이는 선생님께서 계시지 않는 쉬는 시간을 틈타 칠판에 상진이를 우스꽝스럽게 그렸다. 상진이가 기분 나쁘다고 하자 영수는 그림을 지웠다.

초등학생들이 노는 것을 보면 서로 싸우는 것 같기도, 놀리는 것 같기도 하다. 그런 애매한 행동 중에는 상대방에게 친해지고 싶다는 신호를 보내는 경우도 많다. 몸싸움으로 보이지만 친구의 관심을 끌고 싶어서, 놀리지만 가깝게 지내고 싶어서 문제행동을 하는 경우가 많다. 밖으로 표현한 행동과 마음속 동기가 다른 경우이다. 그래서 친해지려고 하는 행동이 결과적으로는 더 멀어지게 하기도 한다.

때로는 아이들이 싸우는 것처럼 행동하는 놀이를 하는 중인데, 교사가 진짜 싸움으로 오해하는 경우도 있다. 중요한 것은 행동으로 표현한 것 이면에 진정으로 아이들이 원하는 것이 무엇인지 찾아내는 것이다. 왜냐하면 문제행동 기능을 어떻게 해석하는가에 따라서 대처 방법이 달라지기 때문이다. 아이가 왜 그런 문제행동을 하는지 바르게 파악하지 않으면, 아이는 "선생님! 그게 아니란 말이에요." 하면서 선생님이 자기 마음을 몰라준다고 속상해할지도 모른다.

"별아, 은유한테 은유라고 해야지, 꼬맹이라고 놀리면 안 돼."
"은유야, 별이 성격 알잖아. 별이를 자꾸 째려보면 별이를 자극하게 되니 하지 마."

별이에게는 은유를 놀리지 말라고 하고, 은유에게는 별이가 귀찮게 하면 째려보지 말고 선생님께 바로 오라고 알려주었다. 하지만 별이와 은유의 갈등은 멈출 줄 모르고 더 깊어졌다. 갈등 상황을 다뤄주고 싶었지만, 분 초 단위로 바쁘게 흘러가는 교실 상황으로 인해 마음처럼 되지 않았다. 그러던 어느 날 점심시간이었다. 체온 체크를 하고 있는데 별이와 은유 쪽에서 큰 소리가 났다. 별이와 은유가 서로를 밀치고 있었다. 은유는 울먹였고 별이는 큰 소리로 화를 내고 있었다. 급한 사이렌 소리가 들리는 것 같았다. 급식실 입장 시간을 늦추더라도 더는 미루지 말고 개입을 해야 했다. 별이와 은유의 이야기를 자세히 들어보았다. 듣고 나니 갈등이 지속될 수밖에 없었던 문제 상황이 매일 반복되고 있었다.

별이는 다른 아이들과 장난을 치느라 손을 늦게 씻고 와서 줄을 섰다. 은유는 별이 앞에 있는 서연이와 이야기를 나눴다. 별이가 늦게 와서 은유와 서연이 사이를 비집고 들어가려고 은유를 밀어냈다. 은유가 밀지 말라고 하면서 째려봤다. 약이 오른 별이는 꼬맹이라고 놀렸다. 나는 그동안 성격이 예민한 은유를 별이가 싫어해서 무조건 괴롭힌다고 생각했다. 그런데 은유와 서연이가 말하기 위해서 붙어있는 바람에 별이 자리가 좁아진다는 사실은 미처 생각하지 못했다. 별이는 자기가 꼬맹이라고 놀릴 수밖에 없었던 상황을 내가 알아주자 안심하는 듯했다. 별이에게는 그런 상황을 알아주는 것이 중요했다. 별이의 문제행동은 자기 처지를 알아달라는 요청이었다. 교사의 관심과 이해를 획득하는 기능이었던 것이다.

같은 폭력적인 행동이라 할지라도 동기가 관심일 수도 있고, 회피일 수도 있다. 그러니 행동 뒤에 숨어있는 동기를 파악하여 그에 맞게 대처해야 한다.

생각 나눔

1. 우리 반 별이의 문제행동은 무엇을 말하고 있을까?

2. 우리 반 별이의 문제행동의 동기는 획득/회피/감각 추구 중에서 무엇인가?

3. 우리 반 별이의 문제행동 동기를 잘못 파악해서 난처했던 경험이 있으면 나눠보자.

4. 우리 반 별이의 문제행동 동기를 잘 파악해서 대처한 경험을 나눠보자.

4장

문제행동 전에
신호가 있다

지켜보면
많은 것을 깨달을 수 있다.

- Yogi Berra -

레퍼토리 넷.
별이는 왜 친구에게 물을 끼얹었을까?

어느 날 별이는 자신이 먹던 물을 영수에게 끼얹었다. 영수도 달려들어 별이의 멱살을 잡았다. 서로 밀치고 발로 차며 엉겨 붙으면서 싸움이 났다. 친구들이 중간에서 뜯어말린 결과, 영수는 다소 물러서는데 별이는 여전히 씩씩거리며 영수에게 더 달려들려고 했다. 나는 그나마 지시를 따를 수 있는 영수에게 명령했다.

"영수, 저쪽으로 가!"

그리고 두 아이의 중간에 서서 별이를 막아섰다. 별이의 감정이 폭발하여 절정에 달한 순간에는 침묵으로 대응하지 않으면 추가적인 사고가 날지도 모른다.

"쟤 때문이에요."

별이는 영수를 가리키며 소리를 지르더니, 급기야 울먹이기까지 했다. 그런 상황에서 별이는 교사가 그만하라고 말해도 자제를 못한다. 흥분한 별이를 막고 서서 기다린 지 3~5분 정도 지난 후에야 별이의 공격 행동이 조금 누그러졌다.

별이가 영수에게 물을 끼얹은 내막을 알아보기로 했다. 영수는 축구 경기를 할 때 별이가 자기에게 태클을 걸면서 욕을 했다고 주장했다. 별이는 영수가 반칙을 했다고 우겼다. 영수나 별이 둘 다 주장이 강한 아이들이었다. 대장 노릇을 하는 영수, 작은 일도 쉽게 못 넘어가는 별이. 그래서 둘은 늘 다툼이 많았다. 이성적인 통제가 힘든 아이들의 다툼은 정말 위험하다.

지금까지 별이는 친구들과 많이 다투긴 해도 오늘처럼 물을 끼얹은 적은 없었다. 하지만 오늘은 여느 때와 다르게 기분이 많이 상했던 것 같았다. '그동안 영수에게 쌓인 앙금이 많았구나!'라고 생각했다. 하교 후 별이 어머니에게 오늘 있었던 일을 말씀드렸다. 어머니는 별이가 새벽까지 게임을 해서 아침에 늦게 일어난다고 아빠한테 호되게 꾸중들었다고 했다. 그러고 보니 별이는 아침에 들어서자마자 체온 체크를 안 했다. 체온 검사하라는 친구에게 도리어 성질을 냈다. 그 장면이 떠올랐다. '아침에 아빠한테 혼나서 친구에게 성질을 냈구나' 하고 이해했다. 그리고 3교시 축구 사건으로 이어졌다. 내가 별이 어머니와 통화하지 않았다면 별이가 영수에게 물을 끼얹은 것은 여전히 축구 시합 때 빚어진 일 때문이라고 착각했을 것이다.

우리는 무엇을 놓치고 있나?

수업 중 교실에서 빠져나가 운동장과 복도를 배회한다는 학생을 관찰한 적이 있다. 나는 담당자로서 상담교사와 함께 그 학생의 수업에 들어갔다.

1교시 국어 시간이었다. 교사가 학습지를 나눠주고 설명했다. 학생은 설명을 듣기도 전에 사인펜을 꺼내더니 학습지에 색칠했다. 그리고 선생님이 질문할 때 아이들이 대답하는 걸 보고 자신도 이따금 큰 소리로 외쳤다. 특히 어떤 학생이 독창적인 말을 하면 자신도 질세라 불쑥 끼어들어 말했다.

"나도 그렇거든. 선생님 나는요 ~~ 했어요."

교사는 학생의 말을 받아 주면서 수업을 진행했다. 학생은 색칠을 다 했는지, 일어나서 다른 친구에게 가서 괴물 그림 같다고 놀렸다. 친구와 실랑이가 벌어졌다. 선생님은 실랑이를 벌이는 두 학생을 제지했다. 학생은 자리에 앉더니 사인펜으로 막 휘갈겼다. 엉덩이를 들썩이며 흥얼거리면서 색칠에 열중했다. 자신이 그린 캐릭터에 빠져서 획 획 소리를 내며 즐기고 있었다.

그 학생을 관찰하니 수업 시간 내내 입으로 소리를 냈다. 손과 발을 가만히 두지 못했다. 친구들의 재잘거리는 작은 소리를 낚아채서 더 큰 소리로 말했다. 말로 하는 방해 행동이 40분 동안 거의 30~40번 정도이고 자리 이탈은 5~6번 정도 있었다.

2~3시간 수업을 관찰한 후, 우리는 담임교사와 피드백을 나누었다. 학생

이 말로 하는 수업 방해 행동, 가만히 있지 못하는 태도 등을 이야기했을 때 선생님은 "그 정도인가요?" 하며 놀랐다. 수업 중 교실 이탈 문제에 가려서 수업 방해 행동이 그렇게나 많은 줄 몰랐다고 한다. 상담교사는 학생의 검사를 위(Wee)센터에 의뢰했다.

교사는 학생들이 학습 목표에 도달하도록 노력한다. 그래서 칠판 교수를 하고, 질문을 주고받고, 학습지를 잘 푸는지를 점검한다. 해야 할 일이 많으니, 수업에 집중하다 보면 학생의 문제행동을 놓치는 경우가 많다. 이것은 교사의 교수 능력이 부족해서가 아니라 수업 전체를 이끄느라 학생 개개인의 행동을 다 파악하기 힘든 어쩔 수 없는 한계 때문이다.

또한 4장의 레퍼토리에서 나왔던 것과 같이, 교사는 학생의 가정에서 무슨 일이 있었는지 모른다. 부모와 심각한 갈등 때문에 학교에 와서 반 친구에게 분풀이하고 있어도 알 도리가 없다. 따라서 교사는 학생의 교실 속 한 단면만 보고 있음을 인정해야 한다. 학생의 부모는 물론, 학교 안팎에 있는 상담사와 전문가 등의 의견을 들을 수 있어야 한다. 교사가 다양한 각도에서 듣는 귀를 열어놓을 때, 학생에 대한 더 많은 정보를 얻을 수 있다.

매의 시선으로 보라

　대학 때 흥미롭게 읽었던 『서양미술사』[1]가 있다. 나는 이집트 미술사를 읽던 중 "이집트 미술은 어떤 사람이나 장면에 대해 그리는 사람이 알고 있는 것을 바탕에 두고 그렸다."라는 문장에 멈췄다. 그리고 "그리스인들은 그들의 눈을 사용하기 시작했다."라는 문장에서 또 한 번 멈췄다. 이집트인들은 자신이 생각한 대로 그림으로 그렸다면 그리스인들은 보이는 대로 그림에 담았다.

아래 그림 '네바문의 정원'은 만화와 같이 평면이다. 하지만 보이는 것을 액면 그대로 담으면 '아킬레스와 아이아스'와 같은 그림이 된다. 이렇게 보는 방식에 따라 완전히 다른 그림을 그리게 된다.

 네바문의 정원

장기를 두고 있는 아킬레스와 아이아스

1　E.H 곰브리치, 『서양미술사』(예경, 2012)

미술사에서 보는 방식의 변화는 혁명이나 다름없다. 이는 비단 사물을 바라보는 관점에만 국한된 이야기가 아니다. 한 개인에 대해서도 관점을 바꾸어 이해하면, 혁명과 같은 일이 일어난다.

내가 알고 있는 사실과 판단을 의심하고, 행동을 관찰한 대로 누군가를 파악하는 일은 큰 깨달음을 준다. 요한 페스탈로치(Johann Heinrich Pestalozzi)는 아들 한스 야곱을 관찰하면서 육아일기를 썼다. 장 피아제(Jean Piaget)는 자신의 세 자녀를 관찰하여 인지발달이론을 만들었다. 초기 아동 교육가들은 아동을 연구하는 방법으로 '관찰'을 사용했다.[2] 아동 행동을 이해하고 정보를 수집하는 가장 오래된 방법이 관찰이다. '관찰(observation)'이란 무심코 그냥 보는 것이 아니라, 주의를 기울여 행동을 살피는 것이다.

나는 학기 초부터 아이들로 인해 탈진했다. 별이와 영수가 공부 시간과 쉬는 시간을 가리지 않고 번갈아 가며 문제를 일으키기 때문이었다. 별이가 교실 여기저기 뛰어다니는 것을 제지하고 나면, 이번에는 영수가 싸우는 것을 말려야 했다. 그러나 하교 후, 매일 교단 일기를 썼다. 쓰다 보니 별이와 영수가 한 일을 기록에 많이 남기게 되었다. 그만큼 그 아이들을 더 자세히 살폈다. 그렇게 한 달 동안 관찰하니 놓쳤던 신호들이 보였다. 매번 별이와 영수의 다툼으로 애를 먹고 있는 그 순간에는 둔탁한 시선으로 상황을 볼 수밖에 없었다. 그러나 그 기록이 한 달 동안 쌓이니 작은

---

2   고인숙, 홍혜정 공저, 『아동 관찰 및 행동』(교육아카데미, 2012)

부분까지 볼 수 있는 매의 눈이 되었다. 관찰할수록 새로운 사실을 알 수 있었다.

별이와 영수가 자주 싸워서 둘을 떼어 놓으려고만 했다. 그런데 자세히 보니 효성이가 중간에 끼어들어 이간질하던 게 보였다. 그래서 효성이와 엮인 문제를 먼저 해결했다. 그러자 별이와 영수의 싸움이 자연스럽게 해결되는 기적이 일어났다. 매의 눈으로 사건의 전후 맥락을 자세히 관찰하지 못했더라면 문제가 걷잡을 수 없이 커졌을 것이다. 주의를 기울여 자세히 살피는 행위가 얼마나 중요한지 크게 깨닫는 계기였다.

미국에는 심각한 문제행동을 하는 학생을 컨설팅하는 행동지원팀이 있다. 그들은 교사를 관찰했는데, 교사가 잠시 다른 일에 신경쓸 때 선동자들이 나타나 문제행동을 하는 학생을 서서히 자극한다는 사실을 여러 번 발견했다고 한다. 매일 숨가쁘게 돌아가는 학교에서 교사가 학생 한 명을 자세히 관찰하기란 역부족이다. 하지만 매의 눈을 가지고, 문제행동을 만드는 선동자를 찾아야 한다. 그러한 시각을 기르기 위해 '하교 후 있었던 일 기록하기'를 추천한다. 기록하다 보면 학생의 문제행동을 자세히 관찰하는 매의 눈으로 문제행동의 전후 상황을 파악할 수 있다.

문제행동 전에 '선행사건'이 있다

'물을 끼얹는 사건'을 프리즘으로 통과시켜 분석해 보자. 여기서는

A-B-C 자료를 사용하였다. A(antecedent)는 문제행동 발생 전 '선행사건'이고, B(behavior)는 학생이 한 행동이다. C(consequence)는 문제행동이 발생한 후 학생이나 교사가 하는 반응이다. 물론, 한 교사가 온종일 한 아이만을 쳐다보고 있을 수는 없으므로 정확한 자료를 얻기는 어렵다. 그러나 대략적인 관찰이라도 이러한 도구를 써서 기록하면 아이의 행동을 분석하여 문제행동에 얽힌 맥락을 이해할 수 있다.

선행사건(A) (장소, 상호작용 등)	행동(B) (학생의 문제행동)	결과(C) (학생이나 교사의 반응)
새벽까지 게임을 함	아침에 늦게 일어남	아빠에게 꾸중을 들음
친구가 체온 검사하라고 함	안 한다고 소리를 지름	교사가 친구한테 가라고 함
교사가 학습지를 풀라고 함	학습지를 안 함	쉬는 시간에 학습지를 다하라고 지시함
학습지를 가지고 가서 자리에 앉음	학습지를 풂	학습지를 제출함 놀아도 된다고 함
3교시 운동장에서 태클 문제로 영수와 실랑이가 있었음	영수한테 욕을 함	축구를 함
쉬는 시간 아이들이 물을 마심	별이가 영수에게 물을 끼얹음	몸싸움이 벌어짐 5분 후 이야기 나눔
수업 시간	과제 안 함	그냥 둠

별이의 행동을 쫓아가 보자. 별이는 늦게 일어나 아빠한테 혼났다. 교실에 왔는데 친구들이 귀찮게 했다. 수업 시간 과제를 안 했다. 선생님께 혼났다. 쉬는 시간에 과제를 했다. 가장 기다린 축구 시간이 되었는데, 공도 제대로 못 찼다. 화살은 애꿎은 영수에게 향하고 영수는 분풀이 상대가 되었다. 갈증이 나서 벌컥벌컥 물을 마시는 영수를 본 순간, 화가 확 올라왔다. 아침에 아빠한테 혼날 때부터 억눌러 왔던 원망과 분노가 일순간 폭발했다. 영수에게 물을 끼얹었다.

별이의 문제행동 전에 친구의 요구, 교사의 요구, 축구 사건과 같은 선행사건들이 있었다. 그리고 선행사건 후에 별이는 소리를 지르고 욕을 내뱉는 공격 행동을 했다. 이후 나는 과제를 끝까지 하게 하거나 때론 무시했다. 몸싸움 후에는 별이의 마음이 누그러진 뒤에 사건에 관해 이야기를 했다. 사건의 흐름을 원인(A)과 결과(C)로 정리해 보니 문제행동 전에 어떤 일이 있었고 교사가 어떻게 대처했는지를 한 눈에 볼 수 있었다. 그뿐 아니라 문제행동의 시작점과 선행사건도 알 수 있었다. '아빠의 꾸중'이 '물을 끼얹는 행동'의 촉발 요인이었다. 이렇게 특정 행동이 발생한 바로 전 상황을 '선행사건(Antecedent)'이라고 한다. 문제행동 발생 전에는 반드시 선행사건이 있다. 문제의 시발점을 알려면 선행사건을 살펴야 한다. 그래야 문제행동을 줄여주거나 피하게 하는 신호를 찾을 수 있다. 선행사건을 다양한 각도로 살피는 일은 문제행동의 실마리를 푸는 중요한 열쇠이다.

미국 연방법(IDEA)에서는 학교에서 문제행동이 많은 학생에게 긍정적 행동지원(PBS)의 핵심인 기능적 행동 평가(FBA)를 반드시 진행하게 한다.

그리고 이에 기반한 행동 중재 계획을 세울 것을 명시하고 있다. 기능적 행동 평가는 A-B-C, 동기사정 척도, 산점도 등과 같이 객관적인 방법으로 자료를 수집하여 행동을 평가하는 것이다. CSI 과학수사대만큼은 아니어도, 문제행동이 일어나는 인과관계를 살피는 데는 충분한 도움이 된다. 교실에서 담임 혼자 학생을 관찰하여 기능적 행동 평가를 하는 것은 분명 힘든 일이다. 그러나 대략적이라도 해 보면 문제행동을 일으키고 유지하는 행동 패턴을 발견할 수 있다.

별이는 새벽까지 게임을 해서 아침 등교 시간에 아버지와 갈등을 빚을 때가 많았다. 그리고 이것이 학교에서 문제를 크게 일으키고 지속되게 만드는 요인인 것 같았다. 별이의 행동 패턴을 발견하고 문제행동의 고리를 끊기 위해서 어머니에게 부탁했다. 아버지와의 갈등이 학교에서의 문제행동을 더 키울 수 있으니 아침에는 꾸중하지 말아 달라고 요청했다.

이러한 조치는 별이의 문제행동을 낮추는 데 일조했다. 이후 친구에게 물을 끼얹는 정도의 사건은 발생하지 않았다. 1장에서 문제행동을 변화시키려면 환경을 변화시켜야 한다고 했다. 별이의 공격 행동을 변화시키는 게 아니라 '가정에서의 상황'을 변화시키는 게 근본 해결책이었다. 이처럼 선행사건을 찾으면 문제행동을 예방할 수 있다.

선행사건 속 결정적 신호를 찾아라

'나는 왜 아침 7시가 돼서야 바쁘게 일어나는가?' 늦은 기상 행동에

대한 궁금증이 생겼다. '어떠한 원인이 이런 습관을 갖게 한 것일까?' 나
는 선행사건을 찾기 위해 행동 테이프를 앞으로 감아 보았다.

저녁 식사를 하고 정리까지 마치면 10시 즈음이다. 이후 소파에 앉아 텔
레비전 채널을 돌려가며 쉰다. 좋아하는 프로를 보면 11시가 훌쩍 넘는
다. 가끔 늦게 식사하면 11시까지 정리한다. 아들이 거실에서 게임을 하면
시끄러워 잠도 못 잔다. 거의 12시 무렵이 되어서야 잠이 든다. 이렇게 들
쑥날쑥한 생활방식, 텔레비전 시청 등으로 자정에 자고 아침 7시에 기상
할 수밖에 없다.

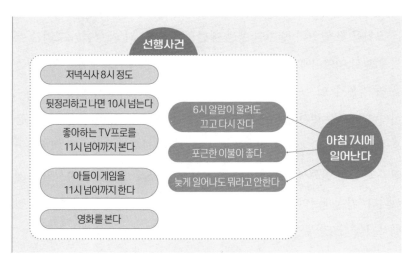

☆

그래서 목표행동을 '밤 11시에 잠자기'로 정하고, 선행사건을 바꿔 보았
다. 좋아하는 프로는 유튜브로 시청하고, 저녁 식사는 7시에 하고, 아들에

게는 "이어폰을 끼고 게임하라."고 한다. 그리고 책상 위에 알람 시계를 두었다. 이런 식으로 환경을 재설정해 보았다.

한 달 무렵, 유튜브 시청과 알람 시계를 책상 위에 두기는 잘 안 되었다. 대신 저녁 7시에 식사를 하니 뒷정리까지 9시면 끝나 11시에는 잠자리에 들 수 있었다. 10~11시에 자기 시작하니 6시에 일어났다. 3~4개월째에는 일찍 학교에 도착하여 커피 한 잔을 마실 수 있는 여유가 생겼다. 이젠 '포근한 이불'의 유혹보다 학교에서 '이른 커피타임'을 더 선호하게 되었다. '이른 저녁 식사'는 '11시 잠들기'를 만들었고 '아침 6시 기상'이 가능하게 했다. 다양한 시행착오의 경험 끝에 나는 어떤 행동이 변화를 이끌어 내는지 알 수 있었다. '포근한 이불', '늦은 텔레비전 시청', '늦은 식사' 등 다양한 선행사건이 있었지만, 그중에서도 '늦은 저녁 식사'가 결정적 신호였다. '늦은 저녁 식사'로 10시 너머까지 뒷정리하다 보니 12시 무렵 잠들고 출근을 준비하기에 늦은 7시에 일어나는 행동 패턴이었다. 운전할 때 신호등이 내 행동을 자극 통제하는 것처럼 '늦은 저녁 식사'라는 변별자극이 '늦은 기상' 행동을 자극 통제하고 있었다.

그동안 나는 "아침잠이 많아. 저녁형 인간이야!"라고 합리화했다. 그래서 고칠 수 없다고 생각했다. 학교에 지각할 때면 괜스레 자책하기도 했다. 그런데 나의 행동 패턴을 살펴보니 나의 성격적 문제라기보다는 전날 저녁 시간의 행동들이 낳은 결과였다. 숨겨진 행동의 원리가 보이자, 변화가 가능해졌다. 여러 이유로 나는 늦게 일어나는 행동을 고치고 싶지만 고칠 수 없었다. 하지만 '7시에 저녁 식사를 하느냐? 8시에 저녁 식사를 하느냐?'가 아침 시간과 하루를 좌우하는 중요한 기준점임을 깨달았다. 이 한 시간의 차이로 '여유롭게 커피를 즐기는 아침이냐? 시간에 쫓기며 허둥지둥하는 아침이냐?'가 결정되었다.

앞서 별이의 '물을 끼얹는 사건'에서도 '아버지의 꾸중'이 문제를 심화시킨 결정적 신호였다. 많은 선행사건 중에서도 결정적 신호를 찾아 환경을 바꾸니 별이의 문제행동도 소강하였다. 학생의 문제행동은 어떠한 결정적 사건으로 인해 지속된다. 많은 선행사건 중에서 결정적 신호를 찾기란 쉽지 않다. A-B-C와 같은 행동 분석도 필요하고 환경을 바꾸는 시행착오도 필요하다. 그러나 이러한 과정을 거쳐 결정적 신호를 찾을 수만 있다면 행동 변화의 중요한 변곡점이 될 것이다.

'교실 이탈'의 결정적 신호는?

별이는 화장실에 간다며 교실을 나가 한참 동안 들어오지 않는 경우가 많았다. 때론 내가 다른 아이들을 지도하는 틈을 타 슬며시 사라지기도 했다. 교실 밖에 나가선 상담 선생님을 만나기도 하고 도서관이나 보건실에 가기도 했다. 복도나 운동장 등 여기저기 배회하기도 했다.
'교실 이탈'을 하는 별이는 어떤 신호 때문에 '교실 이탈'이라는 행동을 강화하고 있을까? 많은 선행사건 중에서 어떤 사건이 '교실 이탈' 행동을 되풀이하게 하는 결정적 신호일까? 별이의 행동 테이프를 앞으로 감아 보았다.

선행사건(A)	행동(B)	결과(C)
3교시 사회시간 학습지를 품. 어렵다고 투덜거리면서 엎드림. 교사는 반만 풀라고 함.	교사가 아이들 보는 사이에 별이 사라짐.	교사가 찾으니 1층 복도를 돌아다니고 있어 데려옴.
4교시 독후감을 쓰는 시간.	한 줄 쓰고 화장실 간다고 나감. 한참을 들어오지 않음.	교사가 찾으니 운동장 관중석에 앉아있음.
5교시 교실이 더웠음.	복도로 뛰쳐나감.	창문에 매달려 있음. 교사가 들어오라고 하니 더워서 미치겠다고 함. 교사는 에어컨을 틀고 별이를 데려옴.
3교시 아이들에게 게임도구를 정리하라고 함.	정리하는 동안 별이가 사라짐.	몇 분 후 상담 선생님이 함께 있다고 연락해주심.
4교시 아이들이 돌아가면서 놀이 진행을 번갈아 함.	별이 계속 진행을 못 하게 되자 나가 버림.	교무실에 연락하여 별이를 찾아달라고 함. 운동장을 배회하는 별이를 찾아 교감 선생님이 달래서 데려오심.
5교시 100점 맞은 받아쓰기 공책을 받음.	화장실에 간다고 나감. 한참을 들어오지 않음.	교사가 찾으니 컬렉트 콜 전화로 엄마와 통화하고 있음. 주의를 주고 데려옴.

앞장의 A-B-C에서 별이의 선행사건을 살펴보자. 별이는 3~5교시 사이에 교실을 나간다. 교실 안에서 2~3시간 견디다가 답답한가 보다. 특히나 글쓰기를 무척 싫어한다. 그래서 국어 시간이나 사회시간을 지루해한다. 영상을 보여주면 그때 반짝할 뿐이다. 학습지는 거의 백지상태이다. 그 외 교실이 덥거나, 흥분해서 화가 나면 나가는 경우도 있다. 별이에게 왜 자꾸 나가느냐고 물었다.

"답답해요. 바깥이 훨씬 재밌어요."라고 대답했다.

마치 '네모의 꿈'에 나오는 노랫말처럼 "네모난 교실, 네모난 책상, 네모난 책들과 있는 게 따분해요."라고 말하는 듯했다. 10살 아이 눈 속엔 콩나물 시루 같은 교실이 너무 갑갑한가 보다. 교실만 나가도 달리기 경주를 방불케 하는 복도 게임, 다양한 자극이 많은 도서관 나들이, 늘 상냥하게 맞아주시는 상담 선생님, 나를 따뜻하게 어루만져주시는 보건 선생님, 뻥 뚫린 운동장, 파란 하늘, 꽃과 나무들……. 얼마나 즐길 것이 많은가.

밖에는 이렇게 재미난 자극들이 많은데, 교실에선 선생님이 이것저것 하라 하고 안 하면 혼낼 뿐이다. 재미있고 즐거운 자극이 교실에는 없고 바깥에 넘쳐나는데 어찌 교실에 가만히 앉아있을 수 있겠는가?

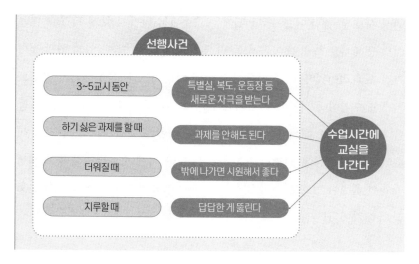

선행사건

3~5교시 동안	특별실, 복도, 운동장 등 새로운 자극을 받는다
하기 싫은 과제를 할 때	과제를 안해도 된다
더워질 때	밖에 나가면 시원해서 좋다
지루할 때	답답한 게 뚫린다

수업시간에 교실을 나간다

☆

　별이는 3~5교시 사이에 수업이 지루하거나 과제가 하기 싫어지면 교실에서 나가버리는 행동 패턴을 보였다. 별이는 '자극 추구' 또는 '과제 회피'를 목적으로 교실에서 나갔다. 별이는 교실에서 나가면 더 많은 새로운 자극을 만났다. 이런 보상 때문에 교실에서 나가는 행동은 계속 유지되었다. 나는 별이의 교실 이탈 행동을 바꾸기 위해 여러 가지 선행사건을 바꿔보았다. 국어나 사회시간을 1, 2교시로 옮기고 3~5교시는 대체로 수학, 예체능 과목을 넣었다. 글 쓰는 과제는 억지로 강요하지 않고 넘어갔다. 하루 2번은 선생님에게 말하고 운동장 2바퀴를 돌 수 있도록 별이와 약속을 정하기도 했다. 그리고 수업 시간 색종이 접기 등 하고 싶은 활동을 할 수 있게 했다. 어머니한테 하루 중에 교실에서 몇 번 나갔는지 알려드리고 지도해 달라고 부탁하기도 했다.

여러 시도 끝에 별이는 한 달 뒤에는 교실에서 나가지 않게 되었다. 많은 시도 중에서도 특히 종이접기 등 다른 대체 활동을 할 수 있게 했던 것이 가장 효과적이었다. 대체 상황이 마련된 덕분에 교실에서 나가지 않고도 지루한 수업이나 과제에서 벗어나 별이가 원하는 자극과 재미있는 활동을 할 수 있었다. 대체행동의 제시는 교실 이탈 행동을 멈추는 결정적 신호였다. 대체행동에 대해서는 6장에서 좀 더 자세히 설명하겠다. 문제행동에서 결정적 신호를 찾아 업스트림 하니 행동이 변하였다. 결정적 신호는 유레카이다!

생각 나눔

1. 나는 학생의 문제에 있어서 무엇을 놓치고 있는가?

2. 학생의 문제행동을 촉발시키는 선동자를 찾기 위해서는 '매의 시선'이 필요하다. 자세히 관찰하는 눈을 기르기 위해 어떠한 노력이 필요한가?

3. 학생의 문제행동을 A-B-C로 기록해 보자. 문제행동 전 선행사건은 무엇인가?

4. 학생의 문제행동을 유지하고 지속시키는 선행사건 중에서 가장 영향을 미치는 결정적인 신호는 무엇인가?

별이에게 손을 내밀다

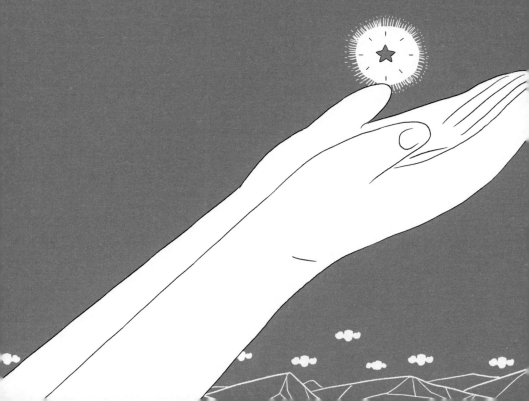

5장

뒤치다꺼리보다

예방이다

교실을 구조화하면

예측 가능성을 높여서

문제행동을 적게 하고

교실에서 일어나는 일에 참여할

가능성이 크다.

— Newcomer, 2008 —

레퍼토리 다섯.
교사의 일관성 없는 대처

"너는 도대체 왜 그러니?"

"너랑 실랑이하는 거 이젠 지쳤다."

비단 나뿐만 아니라 행동 문제가 심각한 아이들을 만난 교사라면 한 번쯤은 내뱉었을 말이다. 그런데 잘 생각해 보면 이 말은 문제행동에 대해 일관된 반응을 계획하지 않은 교사에게서 나오기 쉬운 말이다. 학교에서 아이들과 지내다보면 시간을 분·초 단위로 쪼개 사용해야 할 정도로 바쁜 날도 있고, 몸과 마음이 아픈 날도 있기 마련이다. 다양한 형편과 상황 속에서, 심각한 행동 문제가 있는 아이를 일관성 있게 대하기란 쉬운 일이 아니다. 그래서 꼭 필요한 전략이 예방 시나리오이다.

별이는 수업을 시작했는데도 교과서를 꺼내지 않는 날이 많았다. 수업 진행에 바쁜 나는 상황에 따라 일관성 없게 반응했다. 별이 대신 짝꿍에게 사물함에서 별이의 교과서를 꺼내오게도 하고, 별이를 사물함으로 데리고 가서 직접 꺼내게도 했다. 야단도 쳐보고 달래도 보고 훈계도 해 보았지만 통하지 않았다. 어쩌다 별이가 스스로 교과서를 가져오는 날은 사물함에서 꺼내오다가 사물함 주변에 앉은 아이들을 건드려 사건을 만들기 일쑤였다. 수업 시작 후 별이를 움직이게 하는 것은 수업 방해 행동을 늘리는 것과 같았다.

어느 날 수업 시작종이 울리자 별이 짝꿍이 "네 것 저기 있어."라며 손가락으로 가리켰다. 짝꿍이 가리킨 것은 미술 준비물을 쌓아놓기 위한 책상이었다. 별이가 손을 뻗어 책상 위에 있던 미술 준비물을 가져왔다. 나는 그 장면에서 '아, 별이 교과서를 여기다 가져다 놓으면 되겠네'라는 생각이 들었다. 그래서 별이 책상 근처에 빈 책상을 놓았다. 그 책상 위에는 교과서와 공책, 색종이 등을 꽂아 두었다. 그리고 별이에게 "이 책상이 네 사물함이야."라고 말했다. 그러자 다음 시간부터 별이는 옆에 있는 책들을 쉽게 꺼내왔다. 손만 뻗으면 닿는 곳에 책이 있기 때문이었다. 효율적인 동선 덕분에 별이의 행동은 쉽게 바뀌었다. 공간을 재구성하여 환경을 바꿔준 덕분에 별이는 스스로 교과서를 꺼냈다. 그 후 별이의 수업 준비로 인한 혼란은 더이상 반복되지 않았다.

대체로 문제행동 대응 전략을 찾는 일은 '적절한 환경 만들기'라는 퍼즐 조각을 맞춰가는 것과 비슷하다. 퍼즐을 맞추다가 조각을 잘못 끼우면 다시 찾아서 끼운다. 그런 실패를 이어가면서 해결책을 찾는 것과 같다. 이것은 시간이 걸리는 것 같지만 가장 빠르고 손쉬운 길이다. 그리고 무엇보다 나의 일관성 없는 반응을 줄이고 문제행동을 예방하는 전략이 된다.

학급 나침판, 기대행동

별이는 수업 시간에 갑자기 '꽥'하는 소리를 낸다. 짝꿍이 듣기 싫으니 하지 말라고 해도 멈추지 않는다. 다른 친구들도 괴물 소리를 멈추라고 하지만 별이는 혼자 신나서 괴상한 소리를 낸다.

별이처럼 문제행동을 하는 학생이 있는 교실은 학급 구성원 모두가 특정 문제행동의 영향권 아래에 머물게 된다. 그래서 별이가 있는 교실은 일관된 행동 나침반이 필요하다. 임기응변 같은 사후 대처 방식으로는 아이의 문제행동을 줄일 수 없다. 오히려 증가할 가능성이 크다. 일관된 계획이 없다는 것은 곧 실패를 계획하고 있는 것이다. 그러므로 별이의 행동을 최소화하고 정서·행동 조절을 돕는 기대행동을 학급 안에서 적극적으로 설정해야 한다. 이 기대행동을 담은 학급 규칙은 1년 동안 학급의 내비게이션이 된다.

그러면 기대행동을 담은 학급 규칙을 세울 때 어떤 점을 유의해야 할까? 첫째, 구체적으로 제시해야 한다. 학급 규칙은 금지 행동을 나열하는 것이 아니라, 기대하는 바를 구체적인 행동 기준으로 제시하는 것이어야 한다. 이때 교사가 원하는 것과 아이들이 원하는 것을 확인해야 한다. 예를 들어, "집중해야 한다."라고 할 때 '집중'이란 말이 학생에게는 명료하지 않다. 학생이 받아들일 때는 가만히 앉아있는 것이 집중일 수도 있고, 선생님을 바라보는 것이 집중일 수도 있다. 교사가 의미하는 바를 학생은 다르게 받아들일 수 있다. 그래서 규칙을 정할 때는 학급에서 기대하는 행동으로 관찰할 수 있고 측정 가능할 수 있게 구체적으로 기술해야 한다.

둘째, 긍정적으로 서술해야 한다.

"수업 시간에 떠들지 않아야 한다."

"복도에서 뛰지 말아야 한다."

이러한 규칙을 학생들이 모두 보는 칠판 앞에 붙여 두었다고 하자. 학생들은 규칙을 잘 지킬까? 학생들은 늘 '떠들지 말아야 한다, 뛰지 않아야 한다.'라는 말에서 '하지 말아야 한다'라는 말이 먼저 각인된다. 오히려 '떠듦'과 '뛰는 행동'을 주목하여 문제행동을 할 수도 있다. 그래서 긍정의 언어로 기대행동을 기술해야 한다.

위의 사항을 유의하여 학급 규칙을 세워 보면 다음과 같다.

일반적인 규칙	구체적이고 긍정적인 규칙
실내에서 뛰지 않기	복도에서 걸어 다니기
친구를 때리지 않기	친구가 "하지 마"라고 하면 행동을 멈추기
친구에게 명령하지 않기	친구에게 "~해 줄래?"라고 부탁하는 말하기

감정에 휘둘리지 않는 방어선 구축

수업 중, 아이들 지도에 한참 몰두하고 있었다. 그런데 갑자기 교실 앞문이 열리는 소리가 들렸다. 별이가 나가는 소리였다.

"별아! 어디 가니?"

"허락 없이 나가지 마."

"어서 들어와."

메아리 없는 내 말이 울려 퍼진다. 별이는 나의 간절한 목소리에도 아랑곳하지 않고 내달렸다. 나는 별이를 뒤쫓아 나갔다. 별이는 아래층으로 내려가더니, 저 멀리 뛰어갔다. 여러 번 잡으러 따라가 봤지만 결국에는 잡기놀이가 되어버렸다.

별이가 교실을 나가는 이유는 다양했다. 화장실 가고 싶어서, 더워서, 답답해서, 공부하기 싫어서 등등……. 별이의 교실 이탈은 보통 3~5교시에 매일 한두 번 이상 교실 밖으로 나갈 정도로 심각했다. 별이는 상담실이나 보건실, 운동장 등 장소를 가리지 않고 돌아다녔다. 별이와 아이들 모두의 안전이 걱정되었고 수업 진행에도 방해되었다. 이런저런 방법을 다 동원해 보았지만, 별 소용이 없었다. 특수교육을 하는 아이가 아니기에 보조교사의 지원을 받을 수도 없어 특별한 대책이 요구되었다.

아이의 문제행동 수준에 따라 적절한 방어선을 구축하기로 했다. 그 과정에서 학부모 협조도 필요했다. 감정에 휘둘리지 않는 방어선을 구축하는 것은 별이와 약속을 정하는 것이다. 문제행동을 시작할 기미가 있으면 약속한 1차 방어선대로 대처했다. 그리고 문제행동을 시작하면 약속한 2차 방어선, 문제행동이 일어나면 약속한 3차 방어선을 작동했다.

　　교실 이탈 행동을 예측하고 별이와 단계별 약속을 정했다. 1차와 2차 방어선은 수신호와 말로 약속했다. 그러나 3차 방어선은 어머니 도움이 필요했다. 방어선을 구축해 놓으니 일관된 대응이 가능했다. 별이가 앞으로 수업 중 교실을 나가면 정해놓은 방어선대로 실천했다. 습관이 정착되기까지 시간이 걸렸지만, 점차 나와 별이는 일관된 행동을 하게 되었다. 그리고 방어선대로 대응하자 5월 말에는 교실 이탈 횟수가 점차 줄어들었다.

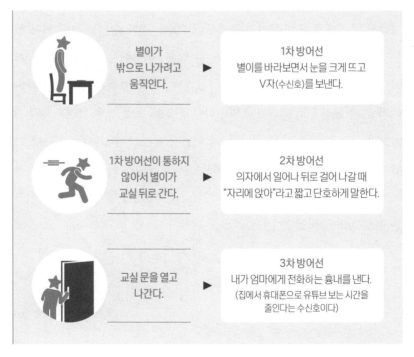

별이가
밖으로 나가려고
움직인다.
▶
1차 방어선
별이를 바라보면서 눈을 크게 뜨고
V자(수신호)를 보낸다.

1차 방어선이 통하지
않아서 별이가
교실 뒤로 간다.
▶
2차 방어선
의자에서 일어나 뒤로 걸어 나갈 때
"자리에 앉아"라고 짧고 단호하게 말한다.

교실 문을 열고
나간다.
▶
3차 방어선
내가 엄마에게 전화하는 흉내를 낸다.
(집에서 휴대폰으로 유튜브 보는 시간을
줄인다는 수신호이다)

☆

"친구가 말하잖니. 좀 들어라."

"별아, 선생님 설명 아직 안 끝났다. 조용히 해라."

"네가 말할 때 다른 친구가 떠들면 너도 기분 나쁘잖아."

"별아, 제발 조용히 좀 해."

누군가 발표할 때면 별이는 가만히 못 있고 끼어들었다. 수업과 관련 없는 이런저런 말을 했다. 수업 흐름이 끊어지고 진행이 힘들었다. 별이에게도 발표를 시켰지만 그때뿐이었다. 자리에 앉으면 아무말 대잔치였다. 다른 사람의 말을 존중하라며 달래기도 하고 야단도 쳐보았지만, 소용이 없었다.

그래서 별이와 함께 방어선을 구축했다. "별아, 네가 수업 시간에 맥락 없는 말을 계속해서 수업을 방해하면 선생님이 처음에는 못 들은 척할 거야. 그렇지만 스스로 잘 조절할 거라고 믿어. 만약 멈추지 않고 계속하면 내가 고개를 좌우로 돌리면서 멈추라는 신호를 보낼 거야. 그래도 멈추지 않으면 너의 이름을 부를 거야. 너의 이름을 부르면 수업 마치고 나랑 면담하는 거야. 면담 후에는 부모님과도 상의할 거야." 이렇게 미리 약속하여 만든 방어선은 불필요한 에너지의 소진을 막았고 별이가 불쑥 끼어드는 일도 점차 줄어들었다.

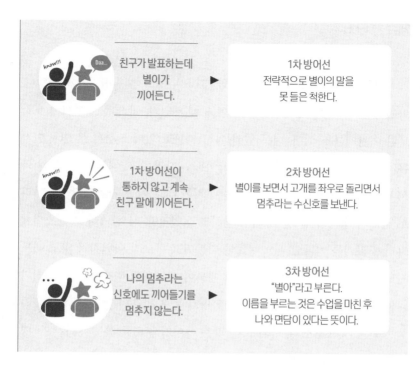

☆

　문제행동에 대응하는 방어선을 사전에 구축해야 문제행동을 보일 때
일관성 있게 대처할 수 있다. 그렇지만 방어선을 구축하려면 시간과 노력
을 들여서 문제행동을 분석하고 적용해야 한다. 이 모든 과정이 쉽지는 않
지만, 이것이 사후에 뒤치다꺼리하는 것보다 훨씬 나았다.

계획된 무시

칠판에는 아침 활동으로 제시한 그리기, 독서, 색칠하기가 적혀있다. 아침 활동을 하는 몇 명의 아이들이 눈에 띄었다. 세 명은 일어서서 도란도란 이야기를 나눴다. 너무 일찍 와서 떠들고 있어 신경이 쓰였다. 먼저 온 아이들이 떠들고 있으면 다른 아이들도 따라 하기 때문이다. '일찍 와서 떠들려면 차라리 늦게 와', '칠판에 적힌 대로 아침 활동해야지', '자리로 돌아가서 자기 할 일 해'라고 말하고 싶었지만, 꾹 참았다. 자연스럽게 자리에 앉기를 기다렸다. 아이들이 떠든다고 무조건 야단치지 않고 어느 정도는 못 본 척하기로 마음먹었기 때문이다. 계획된 무시를 했다. 그러다 나의 관심을 받기 좋아하는 아이 한 명과 눈을 맞추며 '앉으면 좋겠다'라는 무언의 지시를 했다. 나와 눈을 맞춘 아이가 눈치를 챘는지 다른 두 명에게 "야! 자리에 앉자"라고 말하며 자리로 돌아갔다.

별이는 번호대로 줄 서서 급식실까지 왔다. 물론 오는 길에도 보도 옆 화단 안쪽으로 들어갔다 왔다 해서 신경이 쓰였다. 그래도 학기 초에 비해 잘 따라와서 모른 척했다. 그런데 갑자기 급식실 안에 들어서더니 앞쪽으로 달려가서 자기 번호가 아닌 곳에 아무렇게나 끼어드는 것이 아닌가! 이미 이런 행동에 대해 몇 번 훈계했는데도 여전했다. 이유를 물어보면 장난이라고도 하고 배고파서 그랬다고도 했다. 급식실에 가서 차분히 자기 자리에 서서 음식을 받는 일이 드물었다. 자기 번호에 서 있더라도 앞뒤 거리두기를 하지 않았으며 떠들면서 가만히 있지 않았다. 그래도 별이가 학기 초

보다 훨씬 나아졌기 때문에 사소한 개입은 하지 않으려고 했다.

별이는 나의 관심을 끊임없이 받고 싶어했다. 그래서 사소한 행동에도 내가 개입하면 나를 부르기 위한 문제행동을 끊임없이 할 것 같았다. 별이가 스스로 조절하길 기다렸다. 멀리서 지켜보면서 계획된 무시를 했다. 그러다 별이가 앞뒤 아이를 때리거나 몸을 심하게 움직여 앞뒤 아이들을 밀면 급히 달려가 말렸다. 이러한 개입 절차는 별이와 사전에 이야기를 나눈 것이었다. 별이의 문제행동이 위험한 행동이 아니라면 사소한 행동은 못 본 척했다. 왜냐하면 못 본 척하면 당장은 문제행동을 더 많이 할지 모르지만, 문제행동을 계속 무시하면 점차 문제행동으로는 선생님의 관심을 끌 수 없음을 깨닫고 감소하는 것을 볼 수 있었기 때문이다. 위의 두 사례는 계획된 무시가 효과적이었던 경우이다.

반면, 계획된 무시가 통하지 않는 경우도 있다. 다음 사례는 놀이 시간의 일이다. 교실에서 비석치기 방법을 설명하고 운동장으로 나갔다. 7모둠 간 비석치기 놀이를 했다. 별이와 갈등이 생길 수 있는 아이는 먼 거리에 배치했다. 그리고 나는 여기저기 다니며 비석치기 방법을 잘 모르는 아이들을 도왔다. 일부러 별이 모둠 쪽에는 가지 않았다. 만약 그랬다면 별이가 작은 어려움을 참지 못하고 관심받기 위해 이런저런 문제행동을 하기 때문이었다. 다른 모둠에서 아이들을 지도하면서 별이 모둠 쪽을 쳐다보지 않으려고 애썼다. 그러다 별이 모둠에서 시끄러운 소리가 들렸다.

"별아! 선 좀 지켜."

"별아, 네가 던진 건 주워 가지고 와!"

아이들의 불만 섞인 소리가 들렸지만 위험한 선을 넘지 않는 이상, 이런저런 소리를 모른 척했다. 아이들이 별이와 해결하기를 기다렸다. 계획된 무시였다. 그러다 별이 모둠의 한 아이가 도저히 참지 못하고 억울해했다.

"선생님, 별이가 선을 넘어서 비석치기를 해요."

나는 별이에게 선을 넘지 말고 규칙을 지키면서 하라고 지시한 후 다른 모둠으로 갔다. 그런데 또다시 별이 모둠 아이가 나에게 왔다.

"선생님, 별이가 비석을 발로 차요."

어느새 별이는 비석을 축구공처럼 차고 다녔다. 친구들은 그 바람에 놀이를 못 하고 있었다. 별이에게 비석치기를 하고 싶지 않은지 물었더니 하기 싫다고 해서 이유를 물어 보았다.

"10단계까지 있는데, 저는 1단계에서 계속 머물잖아요. 그래서 짜증나요."

별이는 비석치기를 잘하고 싶은데 비석치기 거리가 너무 멀어서 힘들다고 말했다. 이 경우 무조건 무시한다고 문제행동이 멈춰지지 않음을 알았다. 학생의 행동에 대한 무시는, 무시가 가능한 경우에 효과적인데 이 경우는 개입이 필요했다. 계획된 무시는 문제행동이 교사의 관심을 끌려는 목적일 때 효과가 있다. 내가 비석치기 거리를 짧게 그려주었다. 그러자 별이 모둠의 비석치기가 순조롭게 진행되었다.

계획된 무시와 함께 진행해야 할 중요한 일이 있다. 그것은 별이가 문제행동을 하지 않고 안정되어 있을 때 잘한다고 칭찬하는 것이다. 또한 별이의 비석치기 사례에서 보듯이 무시한다고 해도 문제행동을 막을 수 없을 때가 있다. 자칫 무시가 문제행동을 계속해도 된다는 신호로 받아들여질 수도 있다. 무엇보다 계획된 무시 전략이 효과가 있으려면 문제행동이 '선생님의 관심 끌기'라는 목적을 달성하지 못하게 하는 경우여야 한다.

선택권 주기

별이가 교실에 들어오는 순간, 갑자기 교실 공기가 달라졌다. 차례대로 해야 할 아침 활동이 칠판에 적혀있지만 별이는 읽지 않고 혼자서 부산하게 교실과 복도를 돌아다녔다.

"별아! 과제 제출하고 자리에 앉아서 아침 독서 해야지."

"네!"

여러 번 지시해도 소용없었다.

"별아, 과제와 가정통신문 제출하고 자리에 앉아라."

나의 목소리는 허공으로 흩어지고, 별이는 듣는 둥 마는 둥 했다. 어떤 날은 가방을 열어 제출하려다 말고 어디론가 달려가기도 했고, 또 어떤 날엔 수업 시간에 가정통신문을 제출하러 교탁으로 나오기도 했다. 심지어 내가 직접 별이의 가방에서 꺼낼 때도 있었다. 매일 반복되는 대처에 나 자신도 힘들었다.

어느 날, 학습 준비물실에 있는 각종 물품이 색색 바구니에 정리된 것이 눈에 들어왔다. 그래서 문득 '과제와 가정통신문을 아이들에게 스스로 바구니를 선택해서 넣도록 하면 어떨까?'라는 생각을 했다. 다음날 바구니 사용법을 아이들에게 설명하고 별이에게는 따로 일러두었다.

"별아, 과제와 가정통신문을 제출하지 않고 돌아다녀서 선생님과 실
랑이하는 게 나아? 아니면 선생님이 '빨강, 파랑'이라고 말하면 스스
로 바구니에 제출하는 게 나아? 네가 선택하렴."

다음 날 아침, "별아, 빨강, 파랑"하고 말했다. 그러자 별이가 질문했다.

"빨강 바구니에 뭐 넣는다고 하셨어요?"

"과제"

별이는 알았다는 듯 과제는 빨강, 가정통신문은 파랑 바구니에 넣었다. 별
이는 잘 구분해서 넣었다. 신기했다. "빨강, 파랑"이란 말로 가정통신문과
과제 바구니에 직접 분류해서 넣으라고 선택권을 주자 아침 시간에 불필
요한 잔소리와 야단칠 일이 없어졌다.

수업을 마무리하고 시간이 좀 남았다. 별이는 벌써 일어나서 돌아다
녔다.

"별아! 색종이 접기 할래? 아니면 교실 돌아다닐래?"

"오늘은 무슨 색종이에요."

"응, 오늘은 반짝이 색종이야."

"주세요."

별이는 무심한 듯 대답했지만, 돌아다니지 않고 책상에 앉았다. 나는 학
습 준비물실에서 반짝이 색종이, 무늬 색종이 등 별이가 좋아할 만한 색
종이들을 가져와 교실에 비치해 놓았다. 그리고 자투리 시간에 문제행동
을 하기 전에 미리 별이에게 주었다. 별이는 그림 그리는 것은 좋아하지 않
지만, 색종이 접기는 제법 잘했다. 그래서 가끔 친구들이 접기 어려운 동

물을 접어주었다. 친구들이 인정해주니 어떤 때는 쉬는 시간에도 색종이 접기를 하느라 자리에서 일어나지 않았다. 그러다 보니 쉬는 시간에 아이들과 갈등도 줄어들었다.

별이는 선택권을 받을 때와 무조건 명령을 받을 때의 반응이 달랐다. 선택권을 줄 때는 존중받는 느낌이 든다고 했다. 무엇보다 별이 스스로 선택했기에 힘들어도 불만이 적었다. 다양한 상황에서 별이의 성향에 맞는 창의적인 것이 제공될 때, 별이에게 선택권을 주면 더욱 효과적이었다. 선택이 늘어가면서 별이는 자신을 조절하는 힘을 조금씩 길러가는 것 같았다. 아마도 그 과정을 거치면서 별이는 '나도 일상을 통제하는 힘이 있구나!' 라고 느꼈을 것 같다. 독립성과 책임감도 연습되었을 것이다.

다음의 연구 결과들은 지시보다 선택이 중요하다는 것을 말해준다. 학생들에게 독립성과 책임감을 느끼게 하는 최우선의 방법은 학생들에게 선택 기회를 주는 것이다(Kohn, 2011). 학생들은 스스로 선택한 것에 의욕이 높다(Birdsell, 2009). 한 가지를 정해 주는 것보다 몇 가지 선택권을 주면 순응 행동 성공률이 높아진다(Ambrose 외, 2010).

우리는 알게 모르게 학급에서 선택권 주기를 하고 있다. 별이가 스스로 자기 행동을 조절해서 내재화시킬 수 있을 때까지 선택권 주기를 통해 동기부여를 해보면 어떨까?

전이시간 대비

별이가 월요일 아침에 씩씩하게 교실 문을 열고 들어왔다. 그리고 갑자기 내 앞에서 태권도 발차기를 하고 팔을 휘둘렀다.

"별아, 갑자기 왜 그래?"

"태권도 급수 땄어요."

그러면서 다양한 동작을 자랑하듯 선보였다. 그만하라고 해도 말을 듣지 않고 계속 동작을 반복했다.

"별아, 축하해! "

"그런데 선생님이 매우 아프니까 그만 멈춰줄래?"

멈출 것 같지 않은 분위기가 느껴져서 화장실에 간다며 자리를 피했다. 별이가 종일 태권도 동작을 아이들에게 할 것 같아 걱정이었다. 무의식중에 태권도 동작으로 친구들을 다치게 할 가능성이 컸다. 그래서 친구들 대상으로는 태권도 동작을 하지 않겠다는 약속을 받았다. 만약에 태권도 동작을 했을 때는 "별아, 안 돼"라고 말하면 멈추기로 했다.

가정과 학교는 톱니바퀴처럼 연결되어 있어서 월요일 학교생활에 영향을 준다. 그래서 어떤 아이들에게는 주말에서 월요일 아침 전이시간은 조절이 힘들고 불편할 수 있다.

문제행동이 가장 많이 일어나는 쉬는 시간의 전이도 잘 다뤄야 한다. 별이는 사회적 기술이 부족하고 게임 방법을 잘 모르기 때문에 쉬는 시간에 갈등이 많이 일어났다. 친구들과 놀다가 게임 진행 상황이 마음에 들지 않으면 보드게임 판을 엎어 버리거나, 친구의 물건을 만지는 등 다양한 문제행동을 했다.

공부 시간 내의 활동 전이시간도 만만치 않았다. 실로폰 개인 연습을 끝내고 한 명씩 검사하는 시간으로 전환되었다. 어수선한 틈을 타 별이가 순서를 지키지 않고 영수 앞에 와서 줄을 섰다. 나온 순서대로 줄을 서라고 하자 싫다며 짜증을 냈다.

"연습한 것 잊어버린단 말이에요. 검사해 주세요."

"그래도 줄을 서야 해."

그러자 별이는 실로폰으로 나를 때리려고 했다. 그럼에도 단호한 목소리로 말했다.

"줄을 서세요."

그러자 별이의 기세가 조금 꺾였다. 별이는 순서대로 검사받았다.

별이는 이동시간에도 문제행동을 많이 일으켰다. 보통 아이들은 공간 이동이 자극되지 않지만 별이에게는 자극으로 다가온다. 그래서 공간 이동 때 자신이 포착한 작은 일에도 반응했다. 또한, 이동할 때 도무지 줄을 서지 못하고 다른 길로 혼자 가는 경우가 비일비재했다. 아이들은 나를 따라 건물과 건물 사이 보도블록으로 줄지어 따라간다. 그러나 별이는 건물에서 나오자마자 계단으로 뛰어 내려가 운동장을 가로질러 급식실로 들어간다. 어떤 날은 보도블록으로 잘 따라오다가도 화단에 들어가서 화초를 밟으면서 왔다. 그러다 화단 경계석에 걸려 넘어져 무릎이 깨지기도 했다. 그래서 잠시도 눈을 뗄 수가 없었다.

학교는 전이시간이 많다. 공부 시간에서 점심시간으로 전환되는 큰 단위 전이도 있고, 교과 시간 내에서의 작은 단위 전이도 있다. 전이시간에 다양한 사건이 일어나기 때문에 전이가 그날 성패를 가늠하기도 한다. 전이시간을 잘 대비하려면 별이에게 다가올 변화에 대한 단서를 제공해 주어야 한다. 시작 신호와 학습 단계, 종료 시각 및 전이 과정에서 일어날 수 있는 유의 사항에 대해 정리해 주는 것이 필요하다. 예를 들어, 국어 시간에서 과학 시간으로 전이될 때 과학 시간에 대한 준비는 수업 시작 전에 끝나야 한다. 준비가 다 마무리되면 수업 시작 신호를 확실하게 주고 수업을 마치기 위해 시간이 얼마나 남았는지 모래시계와 같은 시각적인 장치를 이용해 알려주는 것이 안정감을 준다. 그리고 되도록 급식실 이동시간, 교과실 이동시간, 쉬는 시간 등 전이시간을 짧게 하는 것이 좋다. 적절한 대체행동이나 강화로 전이시간을 잘 보내게 하는 것도 방법이다.

CICO 예방시스템

CICO(체크인 체크아웃)는 교사나 부모 또는 또래의 관심을 얻기 위해 문제행동을 하는 아이에게 효과적이다. 교사가 아침에 체크인하면서 목표 행동을 알려주고 점검하며, 부모는 가정에서 확인 후 보상 및 강화한다. 그리고 이러한 절차가 항상 반복적으로 돌아가는 것을 말한다.

이는 문제행동 중재에 관한 확인과 연계 차원이며, 예방적 환경을 만드는 데 의미가 있다. 그리고 아이의 문제행동에 대해 교사와 부모의 피드백을 증가시키며 가정과 학교의 소통을 촉진하는 역할을 한다. 특히, 행동의 기능이 관심인 학생에게 긍정적이고 의미 있는 관계를 제공하여 효과적이다. CICO 절차를 도식화하면 다음과 같다.

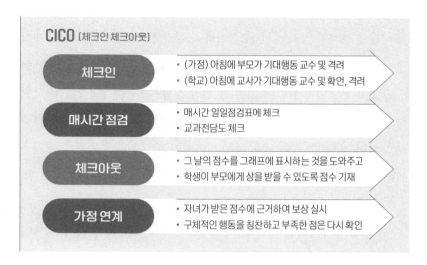

    CICO 예방 절차를 사용할 때는 가정과 함께 '행동 약속 일일 점검 카드'를 활용하여 시스템을 강화한다. 다음은 별이의 행동 약속 일일 점검 카드를 사용하여 예방한 CICO를 설명하겠다.

행동 약속 일일 점검 카드는 행동 원리를 생각하면서 교사와 별이가 약속한 것과 별이 스스로 결심한 것을 기록한 내용이다. 별이는 화가 나면 10을 세면서 감정을 가라앉히고, 그래도 힘들면 손을 들어 표시하고 위클래스로 갈 수 있다. 교사가 5초 손 신호를 보내면 "행동을 멈춘다."라는 것들을 함께 확인한다. 그리고 확인한 내용을 실천했을 때 어떤 보상을 받을지

논의한다.

별이는 만들기, 장난감 조립을 좋아해서 건담 프라모델을 갖고 싶다고 했다. 부모님과 상의하여 건담 프라모델을 주기로 했다. 별이의 보상은 매 수업 시간 흥분하지 않고 지키면 1점이다. 하루 7점이 만점이고 일주일 계산해서 21점 이상 되면 집에서 용돈을 받았다. 별이는 그것으로 건담을 살 수도 있고 모았다가 월말에 더 비싼 건담을 살 수도 있었다. 일주일 단위로 보상을 해야 하는 이유는 한 달은 너무 길기 때문이다. 사실, 하루 즉각 보상이 가장 좋다. 한 달은 너무 길어서 일주일 간격으로 보상 계획을 세웠다.

별이 정도의 나이면 보상 없이도 적절한 사회적 행동을 할 수 있어야 한다. 그러나 별이는 행동 조절에 어려움을 겪고 있고 그 순간에 적절한 행동을 취할 수 없다. 이러한 어려움을 강한 외적 동기부여를 통해 극복해 보게 하는 것이다.

처음에 별이는 외적 자극으로 행동한다. 하지만 몇 개월이 흘러 행동이 안정되면, 차츰 적절한 행동이 이득이라고 느낄 것이다. 여기서 외적 보상은 별이가 스스로 적절한 행동을 선택하는 경험이 쌓아갈 수 있게 의도적으로 돕는 장치이다. 내적 만족이 행동의 동기가 될 때까지, 외적 보상은 한정된 기간에 사용한다. 행동이 점점 개선되면 외적 강화도 점점 줄여가야 한다. 보상은 별이가 좋아하거나 갖고 싶은 것으로 해야 훨씬 큰 동력을 얻을 수 있다.

약속에는 기한이 있어야 하므로, 기한이 끝나는 날 부모님과 함께 평가회를 하면서 행동 진척에 대해 보상하기로 했다. 별이도 시작과 끝을 알아야 게임 하듯이 약속한 행동을 할 수 있다. 약속이 끝나는 날, 별이는 그토록 원하는 것을 얻게 될 것이다. 이 경험은 별이에게 보상을 얻는 기쁨을 느끼게도 하지만, 약속한 행동을 성취했다는 자신감도 생기게 할 것이다. 이러한 성취감은 나중에는 내적 동기의 토대가 된다.

목표행동을 지키지 않았을 때의 대응책도 별이와 부모가 직접 제안을 하게 했다. 부모는 가족회의를 하겠다고 했다. 이렇게 행동 약속을 구체적으로 교환하면, 가정의 협조를 기대할 수 있다. CICO를 하면 가정과 학교에서 학생의 문제행동에 대해 일관되게 대처할 수 있다.

생각 나눔

1. 우리 반의 학급 나침반, 규칙을 기대행동으로 명명하였는가?

2. 전이시간을 대비하기 위해서 무엇을 하였는가?

3. 문제행동을 일으키는 학생에게 선택권 주기 전략을 사용한 경험을 나눠보자.

4. 문제행동을 일으키는 학생에게 계획된 무시 전략을 사용한 경험을 나눠보자.

5. 문제행동을 일으키는 학생을 생각하면서 3단계 방어선을 구축해 보자.

6. 문제행동을 일으키는 학생에게 CICO 예방시스템을 적용해 보자.

6장

문제행동을 대체행동으로

조성하라

에너지는 관심을 따라 흐른다.

긍정적인 행동에 관심을 두면

아동도 긍정적인 행동에

에너지를 쏟는다.

-Laura A. Riffel-

레퍼토리 여섯.
배우지 않으면 모른다

어느 날 한 아이가 의자 위에 올라가서 칠판을 지우고 있었다. 그런데 갑자기 다른 아이가 뛰어오더니, 의자를 확 잡아당겼다. 의자 위에 있던 아이는 놀라 "아~" 소리를 지르며 휘청거리더니 아래로 자빠지고 말았다. 다행히 큰 부상은 없었으나 무척 아찔한 순간이었다. 나는 의자를 잡아당 긴 아이를 호되게 야단쳤다.

"무턱대고 그렇게 잡아당기면 어떻게 해?"

"내 의자예요."

그 말을 듣는 순간, 나는 한 대 얻어맞은 느낌이었다. 위에 올라간 아이는 안 보였고 자기 의자인데 허락 없이 의자를 빼앗아 간 것에 부아가 나서 의자를 잡아당겼단 것이다. 이걸 어떻게 받아들여야 하나? 사람이 올라가 있는데 의자를 빼면 위험해진다는 사실을 모른단 말인가?

하지만 그 애는 정말 모르는 것 같았다. 일부러 친구를 넘어뜨리려 했다기

보다 자기 의자라서 가져가려고 했던 것 같다. 그래서 나는 아이들에게 상황 시연을 보였다.

"누군가 내 의자 위에 올라가서 칠판을 닦고 있어. 내가 화가 나서 의자를 확 빼면 어떻게 될까?"

"애가 다쳐요."

"넘어져요."

"피가 나요."

"깁스해요."

"그러면 어떻게 하면 좋을까?"

"내려와!"

"내 의자야. 돌려줘!"

나는 "내 의자니까 돌려줄래?"라고 부탁하는 말을 하라고 지도하였다. 그 아이를 포함한 몇 명 아이들을 나오게 해서 연습시켰다. 그리고 그 아이에게 사회 상황 추론 카드[1]를 가지고 몇 번 연습시켰다. 이 상황에서 적지 않은 시사점을 얻었다. 당연해 보이는 사회적 행동도 배우지 않으면 모른다는 사실이다.

---

1   사회적 상황 추론 카드 : 사회적 상황을 이해하고 추론하여 적절한 언어로 표현하기에 어려움을 보이는 아동을 대상으로 제작되었다. 아이에게 그림을 보여주고 "지금 어떤 상황이지?", "다음에 무슨 일이 벌어질까?", "어떻게 해야 할까?" 등 질문으로 관찰·감정·사고·적용할 수 있도록 돕는다.

행동의 변화는 어떻게 올까?

우리는 행동의 변화는 '아하'라는 통찰을 통해서 이루어진다고 쉽게 생각한다. 그러나 로봇 엡스타인(Robert Epstein)과 동료들의 '비둘기 통찰 실험(1984)'에 따르면, 통찰은 다음의 비둘기 행동 연쇄 과정처럼 이루어진다고 한다.

비둘기의 키보다 높은 위치에 바나나를 매달아 놓았다. 비둘기는 바나나를 먹을 수 없었다. 그 옆에 조금 떨어진 곳에 종이 상자를 놓았다.

☆   출처 : On pigeons and people: A preliminary look at the Columban Simulation Project

처음에 비둘기는 Ⓐ 이리저리 왔다 갔다 하며, 어리둥절해 보였고, Ⓑ 바나나를 향해 목을 쭉 뻗어보고 바나나와 상자를 번갈아 쳐다보았다. 그러더니 Ⓒ 비둘기가 바나나를 자꾸 올려다보면서 상자를 바나나 쪽으로 열심히 밀기 시작한다. 그리고는 Ⓓ 바나나에 조금 못 미쳐서 멈춰 서더니 상자 위에 올라가서 바나나를 쪼았다.

세 마리의 비둘기 모두에게서 이런 모습이 나타났고 여러 동작이 있은 연후에 통찰이 있었다. 통찰은 갑작스럽게 출현하는 것이 아니라, '많은 시도와 우연한 성공'을 통해 학습된 결과이다.

　아이의 복합적인 문제행동을 바람직한 행동으로 바꾸고 싶다면, 먼저 기대할 일은 통찰이 아니라 실천이다. 대체행동을 먼저 실천하게 하고, 그 시도 가운데 통찰을 얻을 수 있도록 지원해야 하는 것이다. 우리가 제안하는 행동지원 프로세스에서 '행동을 지원한다'는 말의 의미는 문제행동을 대체행동으로 바꿔 실천하는 과정에 방점을 둔 것이다.

비둘기 실험에서 비둘기의 행동은 강제로 바뀐 게 아니다. 실험자가 '상자'라는 도구를 넣었고, 비둘기가 바나나를 먹을 수 있도록 환경을 조작하였다. 이는 비둘기가 상자를 이용해 바나나를 먹을 수 있도록 대체행동을 실천할 수 있는 환경을 만들어 준 것이다. 교사 또한 학생 행동을 바꾸고자 할 때, 환경을 바꾸어 대체행동을 실천할 수 있게 만들어야 한다.

예를 들어, 쉬는 시간에 친구들을 방해하는 학생이 있다고 하자. 교사는 그 학생에게 놀잇감을 준다. 그러면 학생은 놀잇감에 흥미를 느끼고 집중한다. 다음 날 또 학생이 친구들을 방해한다. 교사는 놀잇감을 준다. 교사가 이런 행동을 반복할수록 학생은 대체행동으로 만족하는 횟수가 늘고 문제행동으로 인한 이득이 없게 되어 방해 행동을 그만두게 된다. 교사는 아이의 문제행동을 없애려고 한 것이 아니라 대체행동을 하게 되는 상황을 만들어 주었을 뿐인데, 문제행동은 감소한다.

또한, 교사가 '대체행동을 만들어 준다'는 것은 그 학생에게 '무엇을 해야 할지를 명확히 알려 준다'는 의미도 갖고 있다. 반대로 생각하면, 학생에게 대체행동을 만들어 주지 않는 것은 학생이 문제행동을 하도록 내버려 두는 일과 같다는 의미이기도 하다. 학생은 친구를 방해하는 행동과 놀잇감으로 노는 행동을 동시에 할 수 없다. 문제행동을 하든지, 대체행동을 하든지 둘 중 하나를 선택할 수밖에 없는 것이다. 그러므로 학생의 문제행동을 멈추려면 문제행동을 대체하는 다른 행동을 제시하고 환경을 조성해야 한다.

행동의 원리에서 대체행동을 만들어 가는 과정을 '조성(shaping)'[2]이라고 한다. '조성'은 문제행동을 소거하고, 대체행동을 강화하여 새로운 행동을 할 수 있게 하는 것을 말한다.

위 사례에서 학생이 방해 행동을 하려고 할 때, 교사는 "하지 마!"라고 잔소리하지 않았다. 교사는 문제행동에 대해서는 계획된 무시로 학생에게 관심을 보이지 않았다. 방해 행동으로 관심을 받고 싶었던 학생은 문제행동으로는 이득을 얻을 수 없음을 배운다. 교사는 학생에게 놀잇감을 주었

---

2 조성(조형): 목표로 하는 행동을 순차적으로 닮아가는 행동들을 체계적으로 강화하는 절차를 말한다 (skinner, 1951).

고, 학생은 놀잇감을 가지고 놀았다. 교사는 학생을 칭찬하였고, 그 칭찬은 대체행동을 강화한다. 이제 학생은 문제행동이 아니라 대체행동으로 '관심 획득'이라는 목적을 이룰 수 있음을 알았다. 다음에도 학생이 방해행동을 할 때, 문제행동을 계획적으로 무시하고 '놀잇감'이라는 대체행동을 강화하면 학생은 점점 더 바람직한 행동을 선택할 수 있게 될 것이다. 이렇게 '조성'은 '계획된 무시'와 '칭찬 강화'를 동시에 구사하여 행동을 만들어 가는 것이다.

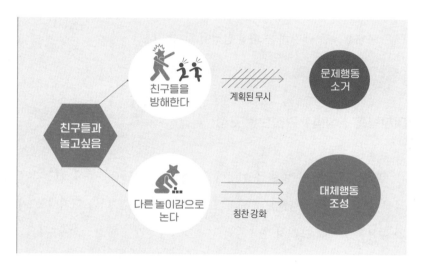

☆

행동은 단숨에 바뀌지 않고, 서서히 변화한다. 공격, 수업 방해, 지시 불이행 등 문제행동은 복잡다단하게 얽혀 있기 때문이다. 그래서 문제행동을 대체행동으로 조성할 때에는 한 가지 문제행동만을 목표 삼아 전략을 구사해야 한다. 그리고 1차 문제행동이 어느 정도 소거되면, 그 다음에 다른 목표행동을 향해 순차적으로 진행한다.

마라톤 선수 한 명을 키우려면 상당한 시간이 필요하다. 처음에는 100m를 뛴 다음 쉬게 하고, 또 100m를 뛰고 쉬게 한다. 그러다가 점차 달리는 거리를 늘려서 연습하면, 나중에는 마라톤 풀코스를 완주하게 된다. 행동을 변화시키는 과정도 마라톤과 흡사하다. 학생의 문제행동은 대체행동으로 조성되는 지속적인 과정을 통해 서서히 변한다. 할 수 있는 만큼, 무리하지 않고 천천히 실행해 보자. 문제행동을 대체행동으로 조성하는 전략은 문제행동을 예방하는 화룡점정이 될 것이다.

대체행동 조성법 1. 강점으로 조성

별이는 호불호가 명확한 편이다. 수학이나 만들기는 좋아해도 다른 과목에는 별 관심이 없다. 특히, 글쓰기를 싫어한다. 그러니 읽기나 쓰기가 많은 학교에선 불리하다.

수업에 관심이 없는 별이는 지루하니 자주 교실 밖으로 나갔다. 별이의 많은 문제행동 중에서도 교실을 나가는 행동은 오히려 공격 행동보다 더 위험했다. 아이가 어떤 일을 벌일지 모르기 때문이었다. 그렇다고 매번 상담교사가 별이를 전담할 수도 없는 노릇이었다. 그래서 '어떻게 하면 별이를 교실에 앉아있게 할 수 있을까?'를 수없이 고민했다. 별이를 다독이기도 하고, 경고하기도 하고, 상담실도 보냈다. 부모와도 여러 번 의논했다. 그래도 별이의 교실 이탈 행동은 지속되었다.

4월에도 교실 이탈을 계속했고 수업은 매번 차질을 빚었다. 별이도 별이지만 다른 학생들의 수업도 중요하기에, '별이에 대한' 수업 참여 수용치를 낮추었다. 별이가 수업에 따라오지 않더라도 교실에 앉아 있는 것만으로도 나쁘지 않게 여기기로 했다. 그리고 별이와 약속을 정했다.

　"수업 시간이 심심하고 지루해. 막 나가고 싶어. 어떻게 하면 좋을까?"

　"책 볼게요."

　"그래도 나가고 싶으면?"

　"종이접기 해도 돼요?"

　"응. 친구들과 얘기하지만 않으면 괜찮아."

　"알았어요. 나가고 싶으면 종이접기 할게요."

3~4교시 별이가 수업 시간에 지루해 할 즈음 나는 고급색종이를 주었다. 별이는 몰입하며 비행기를 접었다. 때론 관련 책을 읽기도 했다. 나는 잘 만들었다고 종종 칭찬해 주었다. 반 친구들에게 별이가 만든 종이비행기를 전시하기도 하였다. 친구들은 별이가 만든 종이비행기를 칭찬했다. 별이의 강점은 '종이비행기 접기'였다. '종이비행기 접기'는 교실 밖에서 새로운 자극을 추구하는 재미를 대체할 정도로 강력했다. '종이비행기 접기'라는 대체행동은 별이를 40분 동안 자기 자리에 앉아있게 했다. 별이의 강점이 행동의 강화제로 작용하고 문제행동을 대체한 것이다.

　문제행동을 보이는 학생을 만날 때, 학생의 강점을 찾는 일은 중요하다. 강점이 학생의 강력한 강화제로 작용해 문제행동을 대체할 수 있기 때문이다. 학생의 강점을 찾는 일에 시간을 들여라. 학생의 강점에서 대체행동이 빚어진다.

대체행동 조성법 2. 기대행동으로 조성

별이가 수업 중에 교실에서 나가지 않게 하려고 '종이비행기 접기'라는 아이의 강점을 대체행동으로 정했다. 그리고 문제행동을 대체행동으로 조성하기 위해 매시간 별이한테 기대행동을 확인했다.

(아침 시간)

"어제는 2번 나갔어. 오늘은 몇 번 나갈 거야? 선생님께 말하고 한 번만 나가자."

(3교시 후)

"이번 시간 40분 동안 자리에 앉아있었어. 잘했어. 다음 시간도 40분 동안 앉아있는지 기대해 볼게."

(4교시 후)

"이번 시간도 40분이나 앉아있었네. 이제까지 한 번도 안 나갔네."

문제행동을 대체행동으로 만들기 위해선 교사의 긍정적인 피드백이 무척 중요하다. 별이가 아무리 비행기 접기를 좋아해도, 주변 사람들에게서 피드백이 없다면 대체행동을 지속하기 어려웠을 것이다. 비행기를 잘 접는다며 다양한 방법으로 칭찬해 주었기 때문에 교실에 앉아있는 행동을 강화할 수 있었다. 교사의 칭찬, 말 한마디는 별이를 교실에 앉아있게 하는 마법의 가루였다.

이와 동시에 교사는 학생에게 기대하는 행동을 말해줌으로써 바람직한 행동을 할 수 있도록 이끌어야 한다. 선장은 항구에 도달하기 위해 의도하는 방향으로 방향키를 돌린다. 교사도 학생이 적절한 행동을 할 수 있도록 의도된 방향으로 방향키를 돌려야 한다. 교사는 말로써 기대행동을 알려주고, 별이가 그 기대행동을 해낼 수 있도록 계속해서 강조하고 격려해야 한다. "40분 동안 앉아있었네."라는 칭찬은 기대행동에 뿌려지는 마법 가루다. 이 마법 가루를 지속해서 뿌리면, 별이 스스로 긍정 행동을 좋아하게 된다. 한 번 뿌려주고 다음 시간에도 뿌리고 다음 날에도 뿌려서 선순환 고리를 만들어 가야 한다.

별이가 교실에서 자리에 앉는 마법에 빠져들기 시작하면서, 조금씩 긍정적인 기운이 올라왔다. 아직 선생님을 좌절하게 만드는 공격 행동이 많이 남아 있지만, 당분간 별이와 약속한 "40분 앉아있기"라는 목표행동에 집중한다. 한 번에 모든 문제행동을 바꿀 수는 없기 때문이다. 조금이라도 노력하는 흔적을 별이가 보여주면 넘치도록 칭찬해 주었다.

그렇게 중재한 지 한 달이 되자, 별이는 드디어 교실을 나가지 않게 되었다. 별이는 '종이비행기 접기' 대체행동으로 우리 반 종이접기 대장이 되었다. 친구들도 별이를 인정해 주었다. 별이는 교실을 나가지 않고도 욕구를 채울 수 있었다.

기대행동이라는 마법 가루를 뿌려주면 행동의 변화는 아주 작은 나비의 날갯짓으로 찾아온다. 나비의 날갯짓은 행동 자체의 변화가 아니라 학생의 긍정적 기운이나 표정이다. 그러한 기운 속에 시간이 흘러 흘러 파동이

인다. 나비의 날갯짓은 행동에 파동을 일으키는 아주 중요한 실마리다. 학생의 긍정적 기운을 읽어라. 변화의 시작은 나비의 날갯짓처럼 작지만 몇 달 후에 어떤 파동을 일으킬지는 아무도 모른다.

대체행동 조성법 3. TIPP으로 조성

한 달 정도 지나 별이가 교실을 나가지 않게 되었을 때, 나는 별이의 '지시 불이행' 행동에 대해 중재 계획을 세울 수 있었다. 수업 중 교실에서 나가지 않는 것을 칭찬하고 나서, 이제 '화가 나서 흥분할 때'의 행동을 고쳐보자고 별이에게 말했다.

"선생님은 네가 행동을 잘할 수 있도록 돕고 싶어. 앞으로 별이 너와 나만의 비밀 신호를 만들자. 선생님이 손가락으로 5, 4, 3, 2, 1을 세면 하던 행동을 멈추는 거야. 이 약속을 잘 지키면 일일 점검표에 잘했다는 표시를 해줄게."

'5초 지시 따르기'는 교사가 5, 4, 3, 2, 1 손으로 신호하면 별이가 행동을 멈추는 것이다. 이렇게 하면 잘했다는 칭찬과 일일 점검표에 잘했다는 표시를 해준다. 일일 점검표의 보상 내용은 7장에서 자세히 설명하겠다. 나는 별이의 '지시 불이행' 행동을 바꾸기 위해 손 신호 '5초 지시 따르기'라는 대체행동을 만들었다. 그리고 대체행동을 조성하기 위해 'TIPP' 전략을 썼다. 'TIPP'는 애초에 없던 행동을 새로운 행동으로 만들 때, 새로운 행동을 가르치고(Teach), 기억하게 하고(Imprint), 연습시키고(Practice), 칭찬해 주는(Praise) 전략이다.[3] 아침에 별이가 교실에 들어오면 먼저 체크인을 하였다. 매일 기억하게 하고 또 반복했다.

"선생님이 5초 손 신호하면 행동을 멈추는 거야. 잘하면 ◎ 받을 거야. 잘해 보자."

어느 날 수업 시간에 별이는 갑자기 목소리를 높여 말하기 시작했다. 그이유를 물으니 경수가 손으로 자기를 쳤다는 거였다. 지금은 수업 시간이니 나중에 얘기하자고 했으나 별이는 계속해서 곁눈질하며 투덜대었다. 5초 손 신호를 보냈으나 짜증이 난 별이는 신호를 본척만척했다. 나는 쉬는 시간에 별이를 불렀다.

"아까 손 신호할 때 행동을 멈춘 것 잘했어. 다음에도 그렇게 하자."

사실, 별이는 5초 약속을 잘 지킨 것은 아니다. 속으로 궁시렁거렸으나 친구를 때리지는 않았기에 칭찬해 준 것이다.

한 달이 지났다. 나는 별이의 문제행동에 대해 적절히 무시하기도 하고, 귀에 속삭이기도 하고, 선택권을 주기도 하고, 5초 손 신호를 사용하기도 하면서 문제행동을 예방할 수 있게 되었다. 때론 5초 지시 따르기를 2~3번 반복해야 그칠 때도 있었다. 그렇더라고 언제나 칭찬해 주었다. '5초 손 신호'에 초점을 두고 잘 따랐을 때, 엄지척하며 보상해 주니 갈수록 지시를 따르는 행동이 늘었다. 그동안 '하지 말라'고 하면 더 심하게 고집

---

3   Laura A. Riffel, 『개별학생을 위한 긍정적 행동지원』, 박지연, 김지수 역(학지사, 2018).

피우던 별이는 교사의 말에 따르게 되면서 절제력도 조금씩 생겼다. 옆 짝꿍과 실랑이하려다 눈짓을 주면 멈추기도 했다.

나는 별이의 지시 불이행 행동을 바꾸기 위해서 아침 시간 체크인할 때 '5초 지시 따르기'를 교수하였다. 쉬는 시간에도 기억하게 하였다. 별이가 따르지 않았을 때, 몇 번씩 반복 연습을 시켰다. 하교 시에는 일일 점검 카드로 칭찬을 강화하였다.

어느 날 아이들이 교실 바닥에서 옹기종기 모여 앉아 놀고 있었다. 별이가 "야!"하고 소리를 지르기 시작했다. 나는 별이에게 5, 4, 3~ 손 신호를 한 뒤 가까이 오라고 불렀다. 별이는 "이거 이렇게 하는 거라니까!" 하며 씩씩거리면서 왔다.

　"친구들과 게임하고 있네. 선생님이 도와줄까?"

　"아뇨, 괜찮아요."

별이가 돌아가려는 걸 나는 붙잡았다.

　"친구들과 사이좋게 놀아."

한마디 보태고 놀던 자리로 보냈다. 별이는 친구들 곁으로 돌아가서 까맣게 잊고 다시 놀았다. 간혹 너무 자주 5초 손 신호를 하면 오히려 반감을 살 수 있기에 적절한 무시를 하거나 가까이 가서 말하기 등을 했다. 그런 것들이 잘 통하지 않으면 손 신호를 사용했다.

이제는 비밀신호 없이 "별이!" 이름만 불러도 행동을 멈칫멈칫한다. 물론 맹렬한 공격 행동에선 여지없이 무너질 때도 있다. 그러나 TIPP 전략으로 5초 지시 따르기 행동이 어느 정도 가능해졌다. 이러한 대체행동으로 별이는 문제행동에서 벗어나 조금씩 나아질 수 있었다. 대체행동으로 조성해 갈 때 TIPP를 활용하자. 가르쳐서 기억하게 하고, 연습하면 칭찬해 주는 전략은 늘 효과적이다.

대체행동 조성법 4. 은근슬쩍 '넛지'로 조성

어느 날, 별이가 보드게임 도구를 만지작거리고 있었다. 같이 놀 친구가 없는 것 같았다. 나는 놀이 매트에 앉아 별이가 만지작거리는 보드게임 도구에 관심을 보였다.

"이 게임 어떻게 하는 거야?"

별이는 눈을 반짝이며 하는 방법을 설명했다. 나는 근처에 있는 아이들을 불러 모았다. 여럿이 모여 함께 게임을 했다. 별이는 재미있게 친구들과 놀았다. 별이의 흐뭇한 표정을 보니 나도 뿌듯한 기분이 들었다. 나는 별이를 향해 "게임 잘하는구나!" 하고 엄지척했다.

별이는 친구들에게 먼저 다가가서 같이 놀자는 말을 잘하지 못한다. 교사가 '은근슬쩍' 개입해서 별이가 친구들과 놀 수 있는 환경을 조성했다.

며칠 뒤 한 친구가 별이에게 실뜨기를 하자고 말을 걸었다. 그리고 별이에게 손을 펴라 하고 실을 걸어 주었다. 친구는 별이에게서 실을 새로운 모양으로 만들어 가져왔다. 별이 차례였다. 별이는 어떻게 해야 할지 몰라 난감해했다. 교사의 넛지가 필요한 순간이었다. 나는 별이한테 가서 도와주었다. 그리고 별이와 같이 노는 친구에게 "잘 노니까 보기 좋아."라고 칭찬했다. 친구들이 별이에게 다가와 말을 걸어주고, 놀이를 제안해 주면서 별이의 사회성에 작은 날갯짓이 시작되었다.

이후 별이는 아빠한테 보드게임을 사달라고 해서 새로운 보드게임을 가져왔다. 친구들은 별이에게 "같이 하자!"고 말을 걸어왔다. 아직은 매번 게임 하다가 큰소리 나는 위태로운 순간이 있다. 별이의 '큰소리'는 흥분 단계에서 위기 단계로 가는 신호이다. 전조증상을 읽고 있다가 그 순간이 되면 얼른 달려가야 한다. 그리고 게임 중재를 해야 한다.

인간 행동의 비밀을 밝혀내어 노벨 경제학상을 수상한 리처드 탈러는 "넛지[4]가 당신의 모든 행동을 결정한다."라고 말한다. 여기서 넛지란 무의식적으로 슬쩍 선택하도록 유도하는 것이다. 타인의 선택을 유도하는 부드러운 개입이다. 약을 잘 보이는 곳에 두는 것은 넛지다. 그러나 약을 먹으라고 강요하는 것은 넛지가 아니다. 학생들에게 금지하거나 훈계하지 않으면서 예상 가능한 방향으로 그들의 행동을 변화시키는 전략이 '넛지' 방식이다.

친구가 없던 별이, 스스로 친구를 만드는 사회성이 부족했다. 별이에게 자존심을 세워주면서 넛지를 활용해 친구를 만들어 주는 전략은 문제행동을 예방하는 지름길이다. 넛지를 활용하는 교사의 지략은 마법 같은 변화의 시작점이 되기도 한다. 난처한 별이에게 은근슬쩍 다가가 보이지 않는 해결사 노릇을 했던 나의 넛지는 별이의 사회성에 길을 만들어 주었다.

---

4 넛지(nudge): 1. 팔꿈치로 슬쩍 찌르다 2. 주위를 환기하다 3. 타인의 선택을 유도하는 부드러운 개입

문제행동을 하는 학생에게 은근슬쩍 행동의 방향을 바꾸어보도록 유도해
보자.

대체행동 조성법 5. '선호물'로 조성

교실 이탈이나 공격 행동이 다소 소강되었을 무렵, 별이의 '과제 미해
결'에 대해 중재를 시작했다. 어느 날 과학 선생님이 실험관찰을 다한 학
생들을 점검하고 있었다. 별이는 한 문제만 풀고서 도장을 받겠다고 줄을
섰다. 다른 때 같으면 검사도 맡지 않았을 텐데 웬일인지 도장을 받으려고
했다. 별이 차례가 되었다.

"한 문제 풀었잖아. 한 문제 더 풀어와."

"아, 싫어요."

별이가 짜증을 냈다. 나는 얼른 넛지 전략으로 답을 가르쳐 주며 쓰게 했
다. 별이는 연필을 들고 답을 간단히 썼다.

"두 문제 풀었네. 다음에도 두 문제는 풀어야 해."

과학 선생님도 별이를 잘 아시는 터라 배려를 해 주셨다. 그리고 도장을
꾹 찍어 주셨다. 도장은 우주선 같은 신기한 모양이었다. 비행기 같은 물
체에 관심이 많은 별이는 도장을 이리 저리 돌려보며 한참 동안 좋아했다.
나는 과학 선생님을 통해 우주선 모양 도장이 별이에게 강화제라는 것을
알았다. 그래서 우주선 혹은 비행물체 모양의 도장을 사서, 국어 시간에
별이가 조금이라도 더 생각하여 글을 쓸 수 있도록 해 보기로 했다.

나는 별이에게 국어 과제를 해오면 다른 학생들 책에 도장 찍는 역할을 맡기겠다는 제안을 했다. 별이는 신기한 도장을 본 다음 날, 한 문장 정도로 과제를 해왔다. 그래서 나는 약속대로 별이에게 친구들의 과제 공책을 모아 주면서 과제를 다 해결한 아이들에게만 도장을 찍어 주라고 했다. 그리고 도장을 못 받은 아이들의 것은 따로 가지고 오라고 했다.

성격이 급한 별이가 빨리 대충 찍으려고 할 때면, 도장이 다 찍히도록 꾹 눌러야 한다고 말해주었다. 꾹 눌러 찍지 않으면 별이에게 그 역할을 맡길 수 없다는 경고성 말도 했다. 친구들의 부러움을 한 몸에 받아 신이 난 별이는 도장을 꾹꾹 찍었다. 휘갈겨진 답을 보고선 공책의 주인에게 "이게 푼 건지, 안 푼 건지?"를 묻기도 했다.

별이는 임무를 끝냈다. 선생님을 도와줘서 고맙다고 칭찬해 주었다. 도장 찍기 과정은 별이에게 필요한 공부였다. 친구들의 과제를 보면서 자신도 어떻게 해야 할지 배우는 시간이었다. 다음 날에는 다른 모양의 도장을 주었다. 별이는 그전처럼 도장을 꾹꾹 눌러 찍었다. 물론, 별이 자신도 과제를 다 했다.

별이는 비행기, 우주선과 같은 물체를 좋아한다. 별이가 좋아하는 선호물은 과제 수행에 도움이 되었다. 별이의 과제 미해결 행동은 교사를 대신하여 도장 찍는 역할을 통해 과제 수행 행동으로 조금씩 변해 갔다.

생각 나눔

1. 우리 반에 심각한 행동 문제를 가진 학생의 강점과 좋아하는 선호물은 무엇인가? 강점이나 선호물로 대체행동을 만들어 보자.

2. 대체행동을 만들 때, 학생에게 '기대하는 행동'을 말하고, 칭찬 마법 가루를 지속해서 부린다. 학생에게 어떤 말이 필요할까?

3. 사회성이 부족한 학생에게 기대행동을 가르치고, 기억하게 하고, 연습시키고, 칭찬 강화를 실천해 보자.

4. 학생을 지도할 때, 넛지로 도운 사례가 있는가?

Part III.
행동지원 프로세스

별이를 보듬다

7장

별이를 위한

행동지원
프로세스

방문객

정현종

사람이 온다는 건
실은 어마어마한 일이다.
그는
그의 과거와
현재와
그리고
그의 미래와 함께 오기 때문이다.
한 사람의 일생이 오기 때문이다.
부서지기 쉬운
그래서 부서지기도 했을
마음이 오는 것이다- 그 갈피를
아마 바람은 더듬어볼 수 있을 마음,
내 마음이 그런 바람을 흉내낸다면
필경 환대가 될 것이다.

정현종 作『광휘의 속삭임』(문학과지성사, 2008) 중에서

레퍼토리 일곱.
별이의 프로파일

'별이가 오늘은 괜찮을까?'

아침 출근길에 내 마음은 늘 조마조마하다.

1교시 수업이 시작된다. 별이는 교과서를 펴지 않아도 수업에 방해가 되지 않으면 그냥 두는 편이다. 2교시는 모둠 대항 퀴즈게임을 하는 사회 시간이다. 다른 모둠들이 계속 점수를 얻고 있는데, 별이가 갑자기 소리친다.

"게임 조작이야, 쟤가 반칙했어요."

아이들이 그만하라고 하자, 별이는 화를 내더니 칠판 앞으로 나와 점수를 지워버린다. 그리고는 뒤로 물러나라는 나의 말도 무시한 채, 씩씩거리며 교실 밖으로 나간다. 이렇게 화가 난 별이는 교사의 어떤 말에도 따르지 않는다. 그리고 책임을 면피하듯 교실을 나가 버린다.

3교시는 미술 시간이다. 아이들에게 작품을 완성하고 나면, 운동장으로 나가 사진을 찍는다고 말해 준다. 작품이 완성된 아이들은 복도로 나와 줄을 서라고 했는데, 별이는 끝까지 교실에 앉아있다. 나는 완성하지 못해도 괜찮으니 나가자고 한다. 별이는 싫다며 계속 작품을 그리겠다고 고집을 부린다. 할 수 없이 별이를 빼고 운동장에서 아이들 사진을 찍고 교실로 돌아온다. 와서 보니 교실 뒤 게시판 미술 작품들이 여기저기 뽑혀 바닥에 나동그라져 있다. 별이는 온데간데 없다. 다행히 상담실에 있다는 상담 선생님의 연락을 받는다.

점심을 먹고 별이는 운동장에 나가 논다. 별이가 화단에 있는 기다란 풀을 뜯어 돌리고 있다. 아이들이 옆으로 지나가자, 별이는 장난기가 발동해 다가가서 친구 얼굴에 풀을 휙~ 휘두른다. 친구들은 풀을 뺏으려고 별이를 잡는다. 별이는 갑자기 눈빛이 돌변하여 노려보면서 "씨익~ 씨익~"소리를 내며 욕을 한다. 그리고 주변 화단에 꽂혀있던 표지판을 뽑아 아이들을 위협한다.

"별이가 흉기를 휘둘러요."

아이들이 달려와서 소리친다. 나는 부리나케 달려간다. 다행히 아이들을 때리진 않았고, 표지판을 휘두르며 겁박하고 있었다. 나는 아이들 사이를 가로막고 선다.

"괜찮아, 알았어, 내려놓자!"

좀처럼 화를 추스르지 못하는 별이는 나의 지시에도 바로 표지판을 내려놓지 않는다. 긴장 속에 대치는 이어진다. 10여 분 지나, 별이는 다소 누그러진다. 나는 표지판을 건네받고 별이를 데리고 교실로 들어온다. 별이는 잘못을 뉘우치며 친구에게 사과한다.

친구의 사소한 말이나 일상적인 행동 하나가 별이의 공격 행동을 불러오는 방아쇠가 되곤 한다. 언제 어디서 별이의 문제행동이 튀어나올지 모르기에, 매순간이 긴장의 연속이다. 별이의 흥분이 심해지면, 교무실에 도움을 요청해야 하는 경우도 종종 생긴다. 교실 안전을 위협하는 이러한 문제와 더불어 별이로 인한 친구들의 불만과 피로도도 쌓여가고 있다. 나는 여러모로 심신이 지치고 피폐했다. 가정 상황도 좋지 않은 별이를 지도하는 일은 매번 밑 빠진 독에 물 붓는 것 같았다.

'행동지원 프로세스' 과정

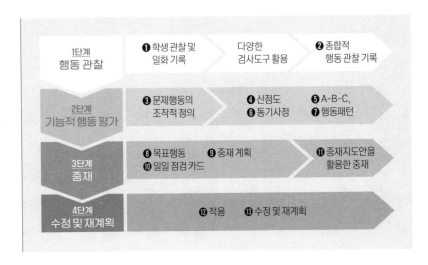

☆

'행동지원 프로세스'는 학생의 문제행동 원인을 파악하여 중재 계획을 세우고 대체 행동으로 조성해 가는 과정이다. 진행 과정은 다음과 같다.

1단계에서는 문제행동을 관찰하고 일화를 기록하여 종합적인 측면에서 학생을 이해한다. 2단계에서는 문제행동을 조작적으로 정의하고 행동의 패턴을 파악한다. 3단계에서는 목표행동을 세우고 중재한다. 4단계에서는 중재하면서 수정 및 재계획을 세운다. 3~4단계를 오가며 실시한다.

당신은 위와 같은 '행동지원 프로세스' 과정을 읽으면서 다음과 같은 의문을 제기할 수 있다. '교실에서 여러 명의 학생을 가르쳐야 하는 교사가 이토록 많은 에너지를 한 아이에게 쏟아야 하나?', '교사가 별이 같은 한 아이만 집중하면 나머지 학생들은 어떻게 하나?'

틀린 말이 아니다. 한 아이에게 교사의 에너지가 편중되면 다른 학생들을 놓칠 가능성이 커진다. 그렇기 때문에 교사 혼자만의 힘으로는 안된다. 학부모의 협력과 제도적인 지원이 반드시 필요하다.

그럼에도 결국 반나절 동안 책임져야 할 사람은 교사이다. 별이는 위태롭고, 별이를 돕는 일은 학급의 안전을 위해서라도 최우선적으로 시급하게 이루어져야 한다. 그래서 우리는 다양한 생활지도 방법 가운데 하나로써 '행동지원 프로세스'를 제안한다.

그리고 행동지원 프로세스 4단계를 그대로 따라야만 하는 것도 아니다. 어떤 학생들은 그 중 몇 가지만 적용하여도 좋아지는 사례가 있다.

다만 우리는 7장을 통해서 1장에서 6장까지의 내용들이 어떠한 흐름과 맥락에서 흘러가는지를 한 결로 보여주고 싶었다. 독자는 전체적인 맥락 하에서 문제행동이 어떻게 통제되고 관리되는지 살펴보길 바란다.

1단계 행동관찰

1 ＿＿ 일화 기록

별이의 행동을 관찰하여 레퍼토리를 기록하였다. 한 달 정도 지나자 별이를 좀 더 자세히 파악할 수 있었다.

2 ＿＿ 종합적인 행동 관찰

별이의 상황을 다음 양식에 따라 가정 환경, 개인적 성향, 자원과 약점, 지원 방법 등 다각적으로 기록해 보았다. 입체적으로 살펴보니 별이의 문제와 나의 중재 방향이 더 뚜렷하게 보였다.

유목	관찰 요소	내용
개인적 요인	가정 환경	• 맞벌이 부모. 조부모가 주 양육자임. 누나와 자주 싸움 • 부모님께 꾸중듣는 일이 많아 더 부정적임.
	언어적 특성	• 자기 생각이나 감정에 대해서 글로 잘 표현하지 않음. • 상대방의 말을 들으려 하지 않고 자신이 하고 싶은 말만 쉬지 않고 이야기하는 모습이 종종 있음.
	학업적 특성	• 학업 이해도는 보통이나 어려운 과제는 안 하려고 함
	정서적 특성	• 수업 시간이 지루하면 교실을 나가 운동장, 상담실 등 돌아다님 • 타인의 비판에 민감하고 피해의식을 느끼며 자신을 향한 공격이 있다고 느끼면 극도로 분노하여 욕설하고 위협함

개인적 요인	행동적 특성	• 충동적 행동이나 주변의 시선을 끄는 방해 행동을 자주 함 • 자기주장이 강하고 참을성이 부족하고 자기 차례를 잘 기다리지 못함
	대인관계	• 친구들에게 먼저 말을 걸거나 장난치는 모습이 있음. • 친구들과 잘 지내고 인기를 얻고 싶어 함. • 자신이 좋아하는 사람에게 말을 걸고 먼저 다가감. • 친구들은 부담스러워하거나 꺼림. 대부분 혼자 놂

자원과
약점
	긍정적 상황과
	강점
		• 자신이 좋아하는 활동(만들기, 게임 등)에는 몰입하고
		  높은 집중력을 보임
		• 종이접기나 만들기에 소질이 있음
		• 흥분하여 폭발한 후 어느 정도 안정이 되면 자기 잘못을
		  뉘우치고 친구에게 사과함

	외부 자원 도움 여부	• 부모님이 바빠서 협조 어려움 • 별이가 교실에서 나갈 때 상담 선생님께 도움 요청 • 위클래스에서 주 1회 상담
	부정적 상황과 약점	• 자기 뜻대로 되지 않으면 소리를 지르고 자기 뜻이 관철될 때까지 굽히지 않고 지속하는 경향이 있음 • 일이 일어난 상황에서 교사가 멈추라고 해도 멈추지 않음

주요
문제
	종합적인
	행동 문제
		• 교사의 지시를 잘 따르지 못하고 순간적으로 분노가
		  폭발하면 흥분 제어가 안 됨
		• 충동적으로 행동하고 위험해 보이는 장난을 자주 함
		• 학급의 규칙을 어기는 행동(줄서기, 시간 지키기,
		  동선 지키기 등), 다른 친구들의 시선을 끄는 행동을
		  자주 하며 친구들이 제지하면 분노함
		• 모둠활동을 할 때, 자신의 주장을 내세우고 다른 친구들이
		  의견을 받아들여 주지 않으면 참여하지 않거나 방해함
		• 수업 시간 교실을 나가는 행동

중재	최종 목표	• 수업 시간 교실에서 나가지 않기 • 친구와 갈등이 일어날 때, 대화로 해결 • 교사가 그만하라고 할 때 지시 따르기
	장애물	• 이미 낙인이 있는 별이에 대한 아이들의 부정적인 반응 • 조부모가 주 양육자라서 협조가 어려운 가정 환경

'방문객' 시가 생각난다. 별이가 학교에 올 때는 과거, 현재, 미래가 함께 온다. 별이의 10년 일생이 오기 때문에 그렇게나 어마어마한 일이다. 내가 별이의 마음을 조금이나마 헤아려 볼 수만 있어도 필경 환대가 될 것이다.

2단계 기능적 행동 평가

3 ___ 문제행동의 조작적 정의

별이의 문제행동을 구체적인 행동 언어로 서술하였다. 그리고 범주화 하여 문제행동에 이름을 붙이고, 조작적으로 정의하였다.

범주	조작적 정의
언어적 공격	• 자신이 화나는 순간, 심한 욕설 내뱉기 (xx, 00할 꺼야 등)
신체적 공격	• 주변에 있는 위험한 물건으로 상대방을 위협하기 • 급우와 신체 접촉을 하여 때리거나 발로 차기
교실 이탈	• 수업 시간 중 허락 없이 교실을 나가기 • 화장실 간다고 하고 다른 곳(상담실, 운동장 등) 가기
지시 불이행	• 교사가 말하는 순간, 눈을 굴리며 못 들은 척하기 • 교사가 지시해도 멈추지 않거나 도망가기
주의 분산	• 수업 중 차례를 기다리지 못하고 불쑥 끼어들어 말하기 • 수업 중 손뼉을 치거나 가위, 자 등으로 거슬리는 소리내기
과제 회피	• 자기 생각이나 감정을 글로 표현하는 과제를 잘 안 함(국어, 사회 등)

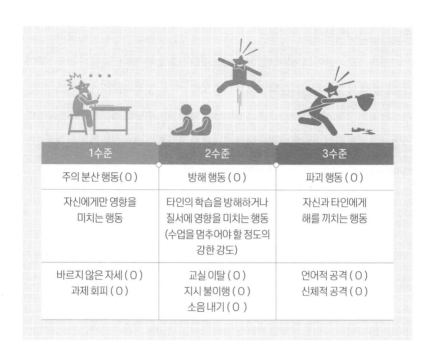

1수준	2수준	3수준
주의 분산 행동 (O)	방해 행동 (O)	파괴 행동 (O)
자신에게만 영향을 미치는 행동	타인의 학습을 방해하거나 질서에 영향을 미치는 행동 (수업을 멈추어야 할 정도의 강한 강도)	자신과 타인에게 해를 끼치는 행동
바르지 않은 자세 (O) 과제 회피 (O)	교실 이탈 (O) 지시 불이행 (O) 소음 내기 (O)	언어적 공격 (O) 신체적 공격 (O)

　별이의 문제행동은 크게 주의 분산 행동, 방해 행동, 파괴 행동으로 분류할 수 있다. 가장 위험한 파괴 행동은 언어적·신체적 공격 행위이고, 수업을 멈출 정도의 방해 행동은 교실 이탈, 지시 불이행, 소음 내기였다. 주의 분산 행동은 바르지 않은 자세, 과제 회피이다.

문제행동을 분석하기 전에는 별이의 행동 모두가 문제투성이로만 보였다. 그러나 이렇게 문제행동을 분석해 보니 별이의 행동 문제에 대한 그림이 그려졌다. 이것이 중재 전략의 첫 단추다.

4 ___ 산점도

다음 표는 별이의 문제행동이 어느 시간대에 얼마나 일어나는지 알아보기 위해서 약 2주에 걸쳐 조사한 빈도수이다. 물론 횟수는 기억에 의존한 대략적인 추정치이며 이보다 더 많을 것으로 예상한다. 교사가 많은 학생들을 가르치는 가운데 이것을 실시하는 일이 만만치 않지만 학생의 문제행동을 더 객관적으로 살피는 데 매우 유용하다.

	주의 분산	교실 이탈	지시 불이행	신체적 공격	계
아침	VVVV 4		VVV 3		7
1교시	VVVVVV 6		VVVVV 5	V 1	12
2교시	VVVVVVV 7		VVVV 4	VV 2	13
3교시	VVVVV 5	VVVVV 5	VV 2	V 1	13
4교시	VVVV 4	VVVVVV 6	VV 2	V 1	13
점심			VVVVVV 6	VVVVV 5	11
5교시	VVVVVV 6	VVVV 4	VVVV 4	V 1	15
합계	32	15	26	11	84

별이는 매시간 거의 주의 분산 행동 문제를 보인다. 교실 이탈은 3~5교시 사이 하루 1회 이상 발생한다. 신체적 공격 행동은 특히 쉬는 시간이나 점심시간에 발생하는 경우가 많다. 매일 1~2회 이상 발생한다. 공격 행동이나 수업 방해가 심하면 몇 번이나 그만하라고 반복해서 지시하지만, 별이는 따르지 않을 때가 많다.

5 ___ A-B-C

산점도와 함께 A-B-C를 기록하였다. 별이가 문제행동을 하기 전에 무슨 일이 있는지(선행사건), 별이의 문제행동은 무엇인지(행동), 문제행동 결과 교사는 어떻게 하는지, 별이와 친구들은 어떻게 반응하는지(후속 결과)를 살펴보았다. 그리고 선행사건과 후속결과를 모아서 행동 분석하였다.

선행사건		행동	후속 결과	학생 반응
문제행동 발생 전 일어난 일		학생이 보인 문제행동의 유형	문제행동 발생 직후 교사의 행동	후속 결과 직후 학생이 보인 반응
A교사 강의	A 전이	A 주의 분산	A 선택권 부여	A 행동 중지
B모둠 활동	B 선택권 부여	B 지시 불이행	B 재지도	B 행동 지속
C개별 활동	C 재지도/지시	C 언어적 공격	C 행동에 대한 논의	C 행동 심화
D 국어	D 전체 교수	D 신체적 공격	D 사적 공간 제공	D 잠자기
E 수학	E 새로운 과제	E 교실 이탈	E 활동 변경	E 소리 지르기
F 사회	F 반복 과제	F 기타	F 또래 관심	F 울기
G 과학	G 신체적 촉진		G 큰소리로 꾸중	G 기물 파손
H 미술	H 교사가 다른 학생 지도		H 신체적 촉진	H 멀리 이동
I 영어	I "안 돼"라는 말을 들음		I 타임 어웨이	I 자기자극
J 교과전담	J		J 요구대로 따라 줌	J 기타
K외부 활동	K		K 계획된 무시	
L쉬는 시간	L		L 심부름	
M점심시간	M		M 기타	

선행사건	행동 (학생의 반응)	결과 (교사, 또래의 반응)
1교시 국어시간 E	교과서를 펴지 않음 A 주의분산	**교사 무시 K** 행동 지속 B
전체 교수 D	가위로 책상을 긁음 A 수업 방해	**교사 다가가서** **하지 말라고 함 B** 별이 멈췄다가 행동 지속 B
국어 과제 제시 E	풀을 바르며 손장난 A 주의분산	**교사 무시 K** 행동 지속 B
2교시 사회시간 퀴즈게임 B 별이 다른 모둠이 점수를 얻음	큰소리로 반칙이라고 불평 F	**아이들이 그만 하라고 함** 행동 지속 B
아이들이 하지 말라고 하니 I	칠판 앞으로 나와 점수 지움 F	**교사 뒤로 나오라고 함 C**
	별이 교실 이탈 E 지시 불이행 B	**교사 별이 찾아 크게 꾸중 G**
3교시 미술시간 H 아이들에게 줄서라고 함 A	별이 나오지 않음 B 지시 불이행	**타이름 C** 행동 지속 B
	별이는 계속 함 B 지시 불이행	**별이 빼고 운동장 나감 K**
	미술작품 뽑음 F	행동 심화 G
4교시 수업 중간	별이 들어옴	**교사와 행동논의 C** 행동 중지 A
점심시간 M 급식 받을 때	고기반찬을 더 달라고 함	**교사 더 주라고 함 J**
다른 친구가 혼자 많이 먹는다고 불평함 I	친구에게 욕을 함 C 언어적 공격	**교사 큰소리로 혼냄 G** 행동 중지 A
운동장으로 나감 M	화단의 긴 풀을 뜯어 친구 얼굴에 휘두름 C D 언어적, 신체적 공격	**아이들이 별이를 잡음** 욕설과 표지판으로 위협 행동 심화 C
교사 내려놓으라고 함	별이 지속 D 신체적 공격	**교사 대치 H** 행동 지속 B
10분 후 별이 누그러짐	교실로 옴	친구에게 사과 행동 중지 A
5교시 영어시간 J 책상을 두드리며 소리를 내자 친구가 하지 말라고 함 I	친구에게 욕을 함 D 언어적 공격	**영어교사 뒤에 서있으라고 함 I** 행동 심화 C
별이 뒤로 나감	화장실 간다고 나가버림 F 지시 불이행	**담임교사, 찾아서 크게 꾸중 G** 행동 중지 A

선행사건 분석	후속 결과 분석	
국어시간 전체 교수, 과제 제시	교사 무시 K	행동 지속 B
	나가자고 타이름 B	행동 지속 B
	교사 하지 말라고 함 B	멈췄다가 행동 지속 B
사회시간 퀴즈게임 B	교사 10분 정도 대치 H	행동지속 B
운동장에 나가 놈 M	교사 크게 꾸중 G	행동 중지 A
	행동 논의 C	행동 중지 A
	반찬을 더 주라고 함 J	행동 중지 A
점심시간 M 급식 받을 때	교사 큰소리로 혼냄 G	행동 중지 A
	교사, 별이 찾아 크게 꾸중 G	행동 중지 A
교과시간 J 친구가 하지 말라고 함 I	아이들이 그만 하라고 함	행동 심화 G
	아이들이 별이를 잡음	표지판으로 위협 행동 심화 G
	별이 빼고 운동장 나감 K	미술작품 뽑음 행동 심화 G
아이들이 하지 말하고 하니 I	뒤에 서있으라고 함 I	교실 이탈 행동 심화 G
다른 친구가 많이 먹는다고 불평 I	교사 뒤로 나오라고 함 C	교실 이탈 행동 심화 G

별이의 선행사건을 살펴보면 국어와 사회, 교과전담 시간, 점심시간 급식 받을 때와 운동장에서 놀 때 문제행동이 빈번하게 발생한다. 교사의 요구 강도가 세어지거나 친구가 하지 말라고 하면 문제행동은 증가한다.

문제행동이 일어난 후 교사의 후속 결과를 살펴보면 별이가 문제를 일으키면 교사는 타이르거나 다시 지시하거나 모른 척하기도 한다. 그래도 안되면 크게 꾸중하거나 포기해 버린다. 너무 심하면 뒤로 나가 서 있으라고 한다. 문제가 일어나면 재지시, 타이르기, 크게 꾸중, 요구 철회 등 그때그때 상황에 따라 임기응변식으로 대처했다. 간혹 교사가 크게 꾸짖으면 별이는 행동을 중지하기도 했지만, 결과적으로는 관계가 악화되었다.

별이가 문제행동을 하고 나면 교사는 재지시, 행동 논의, 꾸중 등으로 반응했고 이는 별이에게 '관심 획득'으로 작용하고 있었다. 바람직한 행동에 대한 강화는 없고 문제행동에 대한 강화만 있어 문제행동을 없애지 못했다. 행동에 대한 이해가 없으면 이러한 패턴에서 벗어날 수 없다.

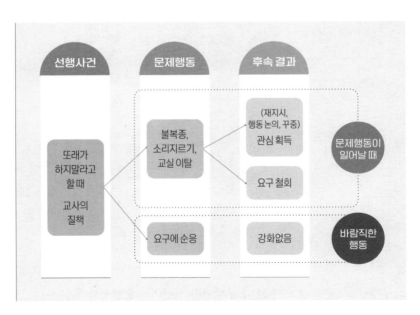

6 ___ 동기사정 척도(MAS)[1]

별이의 많은 행동 문제 중에서 공격 행동을 동기사정해 보았다. 다음은 별이의 눈으로 들여다본 렌즈이다.

점심시간에 운동장으로 나갔다. 심심했다. 화단에 긴 풀이 보였다. 끈처럼 휘두르며 갖고 놀았다. 그때 친구가 지나갔다. 친구와 놀고 싶어 얼굴에 휘둘렀다. 친구가 도망가서 쫓아가니 더 재미있었다. 행동을 계속 하자 친구는 화가 났다. 아이들이 합세해 나의 장난감을 뺏으려고 했다. 아이들이 뺏으려 달려드니 나는 헐크로 변했다. 아이들을 제압할 무기가 필요했다. 평소 위험한 물건을 휘두르면 아이들이 겁에 질려 무서워했었다. 화단에 표지판이 보였다. 친구들에게 표지판을 휘둘렀다. 친구들은 피했다.

▲ 신체적 공격
주변의 위험한 물건으로 친구를 위협하거나 때리고 발로 찬다.

	감각 놀이	회피	관심 얻기	구체물 얻기
총점	5	8	13	11
관련 순위	4	3	1	2

별이는 긴 풀을 놀잇감으로 사용했다. 놀잇감으로 친구들과 놀고 싶었다. 친구들은 짜증나서 풀을 뺏으려 했다. 위협을 느낀 별이는 위험한 물건으

---

1 동기사정척도(Motivation Assessment Scale:MAS): 문제행동의 기능 변별을 위해 빈번하게 사용되는 간편한 간접평가 도구 중 하나이다. 총 16개 문항, 5점 척도이다.

로 친구들을 공격했다. 별이도 친구들과 어울리고 싶은데 배제당하는 것 때문에 더 방어적인 형태로 공격하였다.

동기사정을 해 보니 '관심 얻기와 구체물 얻기'가 높았다. 별이의 공격 행동은 또래와 함께하고 싶고, 원하는 것을 얻고 싶은 욕구 때문에 일어나는 것을 알 수 있다.

7 ___ 문제행동 패턴

별이의 문제행동 패턴을 살펴보면 다음과 같다.

선행사건	문제행동/빈도	동기	교사의 반응	학생의 태도
수업 전반에서 (특히 국어, 사회)	주의 분산 / 매시간	감각 놀이	무시, 타이르기, 재지도, 크게 꾸중	행동 중지 행동 지속
3~5교시 사이	교실 이탈 / 일1회 이상	회피	찾으러 감, 무시	행동 중지 행동 지속
전이시간, 점심시간 친구가 하지 말라고 할 때	신체적 공격 일1회 이상 10분 지속	관심	기다리기 행동 논의	행동 지속하다가 중지
교사 요구강도가 높을 때	지시 불이행 / 일2회 이상	관심/ 회피	크게 꾸중, 뒤에 서있기, 행동 논의	행동 지속 행동 심화

별이의 주의 분산 행동은 감각 놀이로서 주로 수업 전반에서 매시간 일어난다. 교실 이탈은 3~5교시 사이 수업이 지루하고 과제가 하기 싫을 때 일어난다. 신체적 공격 행동은 전이시간과 점심시간에 하루 1회 이상 10여 분 동안 지속된다. 심하면 20여 분 이상 지속되는 경우도 있다. 별이의 공격 행동은 교사나 친구의 관심을 얻으려고 일어난다. 지시 불이행은 별이의 행동이 심화하여 교사의 요구 강도가 높을 때 일어난다.

교사는 산점도, A-B-C, 동기사정과 같은 기능적 행동 평가를 통해 문제행동의 원인과 결과를 이해할 수 있다. 선행사건, 동기, 후속 결과에 대한 분석으로 별이의 문제행동 패턴을 알 수 있게 되었다. 별이의 행동을 다 이해할 순 없지만, 패턴을 알면 중재 계획을 세울 수 있는 기초 자료는 마련할 수 있다.

3단계 중재 계획

별이가 공격적인 방식으로 친구나 교사의 관심을 끌지 않고, 적절한 행동을 할 때 관심을 조명해 주는 업스트림 중재 전략을 짰다. 그것은 문제행동이 일어나기 전 환경을 조정하여 선행사건을 통제하고, 대체행동을 조성하여 문제행동 발현을 감소시키며, 문제행동이 일어난 후 교사가 일관되게 반응하는 전략이다.

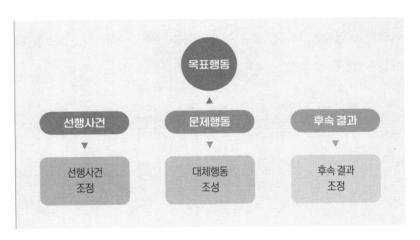

☆

8 ___ 목표행동

중재 계획의 나침반은 '목표행동'이다. 목표행동은 구체적이고 측량 가능하며, 금지어가 아니라 기대어로 표현된 행동이어야 한다.

별이의 문제행동 중에서 '교실 이탈'은 가장 급선무였다. 4월은 교실 이탈 행동을 표적으로 하여 '40분 착석 행동'을 목표행동으로 설정하였다. 그리고 종이접기 대체행동을 만들고 칭찬으로 강화를 제공하였다. 한 달 정도 되자 별이는 교실을 나가지 않게 되었다.

다음 표적은 '공격 행동'이었다. 별이와 의논하여 목표행동과 대체행동을 정했다. 목표행동은 '5초 지시 따르기'이다. 별이가 친구들을 공격하려고 할 때, 교사가 5, 4, 3~ 신호를 보내면 그만둔다. 대체행동은 '별이가 공격하려는 순간 마음속으로 10을 세면서 감정 다스리기' 또는 '손들어 신호 보내기', 또는 '위클래스에서 안정 취하기'로 하였다.

	표적	목표행동	대체행동
4.21	교실 이탈	40분 착석 행동	종이접기
5.23	공격 행동 지시 불이행	5초 지시 따르기	• 10을 세면서 감정 다스리기 • 손들어 신호보내기 • 5초 손 신호 따르기 • 위클래스에서 안정 취하기

9 ____ 중재 계획

중재 계획을 세울 때 교사가 가장 먼저 신경써야 할 부분은 문제행동이 일어나기 전 일상생활 전반에 관심을 주는 일이다. 효과적인 선행사건 조정 전략은 일상 전반에 대한 꾸준한 관심을 토대로 나온다.

나는 별이가 아침에 등교하면 체크인을 통해 목표행동을 주지시켰다.

"화가 날 때 마음속으로 열을 세어보자. 그리고 선생님이 5초 사인하
면 행동을 멈추는 거야. 오늘도 잘해 보자. 파이팅!"

그리고 문제행동이 자주 발생하는 전이시간에 점검 카드를 확인하면서
기대행동을 말했다. 별이가 책상을 긁고 방해가 심했더라도 친구를 공격
하지 않았으면 점검 카드에 보상했다. 점심을 먹고 나가 놀기 전에도 반 아
이들과 별이에게 확인시켰다.

"네가 점심시간에 친구와 다툼이 가장 많아. 친구와 놀고 싶으면 같이
놀자고 말하고, 화가 나면 약속한 대로 열까지 마음으로 세는 거야.
10, 9, 8, 7, …… 이렇게 말이지. 한번 해 보자. 그래도 화가 나면 선생
님께 도움을 요청하거나 위클래스에서 안정을 취하는 거야. 할 수 있
겠지?"

별이의 확답을 듣고 보냈다. 그리고 별이가 공격 행동을 하지 않고 무사히
돌아오면 친구들 앞에서 폭풍 칭찬해 주었다.

며칠 뒤 별이가 도서관에서 친구 책을 뺏다가 흥분하는 사건이 있었다. 내
려가니 별이가 책을 휘두르며 아이들을 때리려고 하였다. 별이에게 5, 4,
3~ 신호를 보냈다. 별이는 씩씩대더니 책을 내려놓고 가버렸다. 어디로 가
는지 따라가 보니 위클래스로 쏙 들어갔다. 그래도 약속한 것을 기억하고
노력한 것 같았다. 나중에 별이를 만나 조금 전에 흥분했어도 공격 행동
을 멈추었던 것에 대해 칭찬해 주었다.

나비의 날갯짓에 불과한 별이의 조그마한 다른 선택은 행동 변화의 중요
한 신호탄이다. 별이의 공격 행동이 좋아졌다가 다시 심해지는 날들이 잦
지만, 교사는 위와 같이 일관되게 중재하였다. 대체행동을 하면 보상 강

화, 안 따르면 2~3번 반복 재지시, 그래도 안 되면 화가 가라앉을 때까지 기다렸다가 행동을 재논의하였다. 2~3일, 일주일, 한 달 이렇게 흘러가면서 별이의 행동에도 조금씩 변화가 일었다.

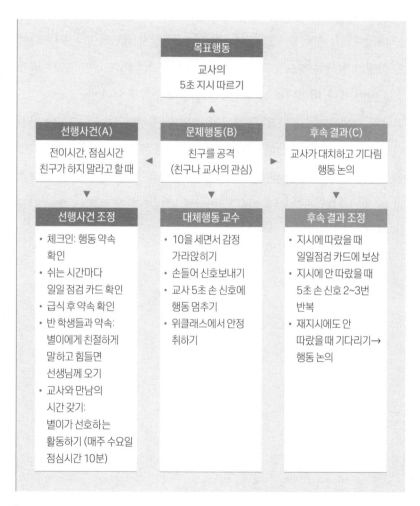

목표행동
교사의
5초 지시 따르기

선행사건(A)
전이시간, 점심시간
친구가 하지 말라고 할 때

문제행동(B)
친구를 공격
(친구나 교사의 관심)

후속 결과(C)
교사가 대치하고 기다림
행동 논의

선행사건 조정
• 체크인: 행동 약속
  확인
• 쉬는 시간마다
  일일 점검 카드 확인
• 급식 후 약속 확인
• 반 학생들과 약속:
  별이에게 친절하게
  말하고 힘들면
  선생님께 오기
• 교사와 만남의
  시간 갖기:
  별이가 선호하는
  활동하기 (매주 수요일
  점심시간 10분)

대체행동 교수
• 10을 세면서 감정
  가라앉히기
• 손들어 신호보내기
• 교사 5초 손 신호에
  행동 멈추기
• 위클래스에서 안정
  취하기

후속 결과 조정
• 지시에 따랐을 때
  일일점검 카드에 보상
• 지시에 안 따랐을 때
  5초 손 신호 2~3번
  반복
• 재지시에도 안
  따랐을 때 기다리기→
  행동 논의

☆

10 ___ 행동 약속 일일 점검 카드

　일일 점검 카드는 교사와 별이가 약속한 것들, 별이 스스로 결심한 것들을 기록한 내용이다. 별이는 교사가 5초 손 신호를 보내면 행동을 멈추어야 한다. 그 전에 별이는 10을 세거나 신호를 보내거나 위클래스로 가는 대체행동을 선택할 수도 있다. 그러면 일일 점검 카드에 보상한다. 보상은 학생이 원하는 것으로 해야 효과가 있다. 별이는 비싼 건담 프라모델을 갖고 싶어 했다. 어머니와 상의하여 그렇게 해 주기로 했다.

별이의 보상은 매수업 시간 공격하지 않으면 1점이다. 하루 6~7점이 만점이고 일주일 계산해서 24점 이상 되면 3만 원 용돈을 받는다. 별이는 일주일 보상금 3만 원으로 건담을 살 수도 있다. 또는 한 달 동안 모은 금액으로 더 비싼 건담을 살 수도 있다. 어머님께 되도록 잘한 행동에 대해 칭찬해 달라고 부탁드렸다.

1. 목표행동

- 화가 나면 10을 세면서 감정을 가라앉힌다.
- 힘들면 선생님께 손을 들어 신호를 보낸다.
- 선생님이 5초 손 신호를 보내면 행동을 멈춘다.
- 위클래스로 내려가서 감정을 가라앉힌다.

2. 실시 기간: 2021년 5월 24일 ~ 6월 30일 (36일)

3. 보상 계획

- 매시간 약속 지킬 때마다 도장 1개 → 1점
- 하루 총점 6~7점 일주일 총점 31점
- 일주일 동안 24점 이상 되면 부모님께 3만 원 용돈 받기
- 한 달 동안 96점 이상 되면 용돈에 추가해서 15~20만 원 상당 건담 프라모델을 살 수 있음

	월	화	수	목	금	계
1교시	○	○		○	○	
2교시	○	○	○	○	○	
3교시	○		○	○	○	
4교시	○	○	○	○		
점심시간			○		○	
5교시			○	○	○	
6교시	수업 없음	○		수업 없음		
합계	4	4	5	5	6	24
교사 확인						
부모 확인						

(본인 자필로 작성)
선생님이 5초 지시했는데도 따르지 않았을 때는 3분 생각할 시간을 가지겠습니다.

(부모 약속)
- 일일 점검 카드를 매일 확인하고 별이를 격려하겠습니다.
- 별이가 선생님 지시에 따르지 않았을 때 가족이 대화하는 시간을 갖겠습니다.

부모확인)   학생확인)

11 ___ 중재 지도안

교사의 수업 지도안은 수업의 내비게이션이다. '중재 지도안'은 별이 중재의 내비게이션이다.

교사는 별이가 교실에 들어오면 행동 약속을 확인하였다. 수업 시간에 별이가 가만히 있거나 크게 방해되지 않을 때 수시로 칭찬하였다. 발표할 때 먼저 기회를 주고, 기다리면 잘했다고 칭찬하였다. 계속 끼어들면 별이에게 눈짓으로 사인하거나 침묵했다. 별이의 방해 행동이 참을 만한 수준이면 적절하게 무시하고, 행동이 심해지면 눈으로 신호 보내거나 아이의 이름을 불렀다. 수업이 중지될 정도이면 다가가서 귀에 대고 말하거나 5초 손 신호를 보내고 2~3차례 반복했다. 별이의 행동이 더 격해지면 침묵하며 기다리고 흥분이 가라앉으면 행동을 논의하였다.

과제가 어렵거나 하기 싫으면 별이가 손을 들어 도움을 요청할 수 있게 하였다. 그러면 최소한의 과제만 선택하거나 대체활동을 할 수 있게 조치했다. 컨디션이 많이 안 좋으면 상담 선생님께 연계하여 도서관이나 위클래스에서 활동하게 했다. 전이시간과 점심시간에는 놀기 전 사전 약속을 주지시켰다. 주 1회 별이와 산책이나 게임하는 시간도 가졌다. 매시간 별이의 행동을 점검하여 카드에 기록하였다.

이러한 중재 개입의 결과, 교사가 문제행동이 일어난 후 사후 대처하는 것보다 사전에 방비하는 전략이 훨씬 효과적이었다. 이렇게 교사의 개입 시점을 바꾸어 사후 대처가 아닌 사전 예방을 강화하는 방식으로 중재하다 보니 별이의 감정이 고조되기 전에 순화되는 흐름이 있었다.

중재 지도안	
가정	• 기대행동 약속 확인
아침	• 체크인: 행동 약속 확인(교사의 5초 손 신호 따르기)
수업 시간	*자주 칭찬하여 자신감을 얻고 문제행동을 줄여갈 수 있도록 분위기 조성 • 가만히 있을 때 수시로 칭찬 강화 • 발표할 때 우선권 주기, 기다리면 칭찬. 끼어들면 침묵 사인 교환 • 참을만한 수준에서 계획된 무시 • 행동이 심해지면 눈 맞춤, 이름 부르기, 귀대고 말하기, 5초 손신호 • 과제가 어려울 때는 별이 손을 들어 도움 요청: 　돕기, 대체행동(만들기, 책 읽기) 허락, 선택권 주기 • 별이에게 어려운 과제는 참여를 강요하지 않고 최소한의 과제 제시 • 컨디션이 많이 안 좋으면 상담사 연계: 도서관이나 위클래스 이용
전이시간 및 점심	• 학생들과 별이에게 사전 규칙 확인시키기 • 별이가 기분이 안 좋을 때 교사가 주의 깊게 지켜보고 적절히 개입하여 　친구들과 상호작용할 수 있도록 돕기 • 주 1회 교사와 만남의 시간 갖기 (산책, 게임 등)
대체행동	• 교사에게 도움 요청 (손들기 신호) • 위클래스에서 감정 가라앉히기 • 선생님께 허락받고 만화책을 읽거나 자신이 좋아하는 활동하기
방어선 구축		

1차	별이 목소리가 높아진다.	별이를 보며 눈으로 신호를 보낸다. 또는 이름을 부른다.
2차	별이 행동이 지속된다.	교사 다가가서 5초 손 신호를 보낸다. 2~3차례 반복
3차	별이 행동이 심화한다.	침묵 기다리기 흥분이 가라앉으면 행동 논의

12 ___ 적용

목표행동을 계속 주지시키고 매시간 점검 강화, 부모와 자주 피드백하는 등 중재를 시행한 결과, 별이의 행동은 점점 나아졌다. 2주 후 별이는 약속을 의식하여 화를 참으려는 행동도 보였다.

어느 날, 별이는 학급에 비치된 사육장을 열고 장수풍뎅이를 만지려 했다. 친구들은 별이에게 하지 말라고 말렸다. 수업이 시작되었는데 별이는 친구를 계속 노려보면서 가위를 꺼내 들었다. 나는 가서 "넣어"라고 말했다. 별이는 순순히 따랐다.

"흥분하지 않고 선생님 말을 잘 따라 주었다."라고 쉬는 시간에 칭찬해 주었다. 부모님께도 대견스러운 일에 대해 말씀드렸다. 별이가 흥분하지 않고 선생님의 지시를 따랐던 것은 매우 의미 있는 일이었다.

중재 후기 즈음, 별이가 좋아하는 돈까스 급식이 나왔을 때 더 큰 것을 달라고 성화였다. 친구들과 실랑이가 벌어졌고 별이는 소리를 질렀다. 나는 멀리서 이름을 불렀다. 별이는 친구를 노려보며 씩씩대다가 자리로 돌아갔다.

별이의 모든 행동이 좋아졌다고 할 수 없지만, 화를 참고 교사의 지시에 따르는 행동들이 점점 늘어났다. 매일 일어나던 공격 행동이 일주일에 2~3차례로 줄었다. 심각도 면에서도 공격 수위가 낮아졌다.

갈수록 별이가 어떤 순간에 폭발하는지 전조증상이 읽혔다. 미리 막아내거나 신호를 보내는 방법으로 방어했다. 절정 단계 전 흥분 단계에서 개입하니, 폭발하지 않고 행동이 빨리 소강하였다. 폭발 행동이 줄어드니 긍정적인 기운들이 선순환되었다. 별이도 칭찬받는 일이 많아지면서 교사와의 관계가 좋아졌다. 친구들도 별이를 이해하고 돕는 아이들이 생겼다. 아직 주의 분산이나 규칙 미준수와 같은 문제들이 산더미처럼 산적해 있지만, 교실 이탈, 공격 행동이 나아져 교사의 마음은 훨씬 가벼워졌다. 다음 표는 중재를 시행한 후 목표행동의 변화 과정이다.

			5/24	5/25	5/26	계
			3	4	4	11
	5/29	5/30	5/31	6/1	6/2	
	3	4	5	4	4	20
	6/5	6/6	6/7	6/8	6/9	
교사의 지시 따르기 매시간 1점 일 총점 6점	5	3	4	4	5	21
	6/12	6/13	6/14	6/15	6/16	
	4	5	4	6	5	24
	6/19	6/20	6/21	6/22	6/23	
	4	6	5	5	6	26
	6/26	6/27	6/28	6/29	6/30	
	5	5	6	5	6	27

13 ___ 수정 및 재계획

　별이를 중재하다 보니 별이가 수업 시종 시간이나 수업 교과를 몰라서 교과서를 꺼내지 않아 산만한 행동으로 이어지는 것을 발견했다. 그래서 시정표와 주간학습안내를 별이 책상 앞에 붙여 주었다.

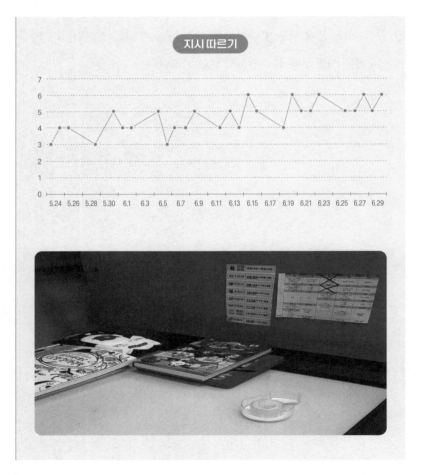

별이는 시간표에 x 하며 교과서를 꺼냈다. 조그마한 환경 변화가 별이의 수업 참여 행동을 강화했다. 이처럼 중재 과정은 다양한 시도를 하고 다시 계획하는 반복 과정들이다.

　2학기가 되어 별이의 심각한 수업 결손을 보충하기 위해 과제 회피 행동을 다루었다. '매시간 1/2 과제 하기'라고 목표행동을 정하고 컨디션이 아무리 안 좋아도 과제를 하고 나서 대체활동을 하도록 하였다. 별이가 선호하는 도장 찍기 대체행동을 통해 과제수행 행동을 강화하였다.

	표적행동	목표행동	대체행동	중재 계획
4.21	교실 이탈	40분 착석 행동	• 종이접기 하기	• 색종이를 준다 • 점검 카드 보상
5.23	공격 행동 지시 불이행	5초 지시 따르기	• 10을 세면서 감정 다스리기 • 힘들면 손들어 신호 보내기 • 위클래스에서 안정 취하기	• 5초 손 신호 • 손들기, 10세기 • 점검 카드 보상
9.20	과제 회피	매시간 1/2 과제하기	• 과제 후 대체활동 하기	• 도장 찍기 활동 • 과제 후 대체활동 • 점검 카드 보상

새살이 돋는다

별이는 2학기가 되어 공격 행동이 소강되면서 친구가 생겼다. 점심시간에 친구와 운동장에서 놀았다. 친구와 한바탕 신나게 놀이를 한 뒤에 상기된 얼굴로 교실에 들어오는 별이의 모습은 여느 아이와 다를 바 없이 천진난만했다.

별이는 '친구'라는 보상으로 다시 태어나고 있었다. 학급의 일원이라는 소속감으로 별이는 새살이 돋듯 피어나고 있었다. 그리고 어느 순간부터 외적보상이 필요치 않게 되었다. 별이의 궁극적인 목적은 '친구'였기 때문이다. 나는 행동지원 프로세스를 하며 별이의 문제행동을 객관적인 입장에서 이해할 수 있었다. 과거에는 잘못된 행동에 대해 엄하게 혼내는 경우가 많았으나, 이제는 나름대로 참고자 애쓰는 별이가 안쓰럽게 다가오기도 했다. 이러한 나의 변화 또한 별이의 행동 변화에 많은 영향을 미쳤을 것이다.

설리번 선생님은 머그잔은 물을 담는 그릇이고 물은 그 안에 담긴 것이라는 사실을 내게 확실히 알게 해 주려고 애쓰셨지만 난 계속해서 둘을 혼동했다. 나는 같은 방식으로 되풀이되는 선생님의 가르침에 짜증이 치밀어 오른 나머지 새 인형을 들어 올려 바닥에 내동댕이쳤다. [2]

---

2 헬렌 켈러, 이창식, 박에스더 역 『사흘만 볼 수 있다면』, (산해, 2005), 74쪽

헬렌은 어릴 적 자신을 마치 유령과 같았다고 표현한다. 어쩌면 별이도 헬렌처럼 학급 속에서 외로운 사투를 벌이고 있는지도 모르겠다. 학생의 성장 시간표에서 어느 타이밍에 변화가 일어날지는 몰라도 행동의 변화는 마치 줄탁동시(啐啄同時)처럼 안과 밖에서 동시에 행해져야 한다.

교사가 '문제 학생'으로 바라보는 프레임을 버리고, 그 학생이 보이는 '행동 문제'에 관심의 초점을 맞출 때 많은 것들이 달라지기 시작한다. '행동 문제'를 보는 렌즈를 끼고 학생을 관찰하면, 교사가 개입하고 조성할 부분이 보인다.

객관적인 행동 평가를 통해 중재 계획을 세워보자. 물론, 2장에서 언급했듯 문제행동은 하루아침에 생긴 것이 아니기에 결코 하루아침에 사라지지 않는다. 그러나 티끌모아 태산이 되었다 해도, 교사의 실천이 있다면 그 태산에 길을 낼 수 있다.

우공이산(愚公移山)이란 말이 있다. 중국의 어느 마을에 아흔이 넘은 한 노인이 있었다. 두 개의 큰 산이 마을을 둘러싸고 있어 밖으로 나가려면 먼 길을 돌아가야 하자, 노인이 산을 깎아 길을 내기로 했다. 사람들은 비웃었다. 그러나 노인은 웃으며 말했다.

"생각이 마치 바위처럼 단단히 굳어 있구려. 산을 옮기다가 내가 죽으면 아들과 손자들이 계속 옮길 것이고, 언젠가는 길이 나겠지."

이 이야기는 우직하게 산을 깎는 모습에 감동한 신이 그 두 산을 아예 옮겨주는 것으로 끝난다. 우리의 노력은 나비의 날갯짓에 불과한 작은 행동일지도 모른다. 그러나 그 작은 시작이 빛나는 변화의 신호탄이 될 것이다.

높고 험한 산일수록
함께 올라야 한다

☆

위기학생을 1년 동안 혼자 감당하는 일은 등산하는 것과 같다. 때론 지치기도 있고 길을 잃기도 하고 주저앉기도 한다. 그럴 때 끌어주고 밀어줄 수 있는 동반자가 있다면 얼마나 좋은가. 우리는 마음친구 교사 동반자로 행동지원 프로세스라는 등산을 함께하였다. 동료 교사들과 함께 고민하고 정보를 나누는 과정에서 위로와 지지를 받았다. 그래서 거친 길이었지만 포기하지 않고 지금까지 걸어올 수 있었다. 이 책은 그러한 과정 중에 나온, 교사가 할 수 있는 것과 할 수 없는 것에 대한 고민의 산물이다.

우리는 행동지원 프로세스를 일반화하기 위해 초등교사 여섯 분에게 적용해 보았다. 참여한 교사들은 다음과 같이 말씀해 주셨다.

"중재 이전에는 학생의 예측할 수 없는 행동에 지쳤고 나아질 거라는 생각 자체를 포기하고 있었습니다. 그런데 지금은 저와 좋은 관계로 지내며, 학생도 긍정적인 학교생활을 경험하고 있습니다."

"프로그램 참여 이전에는 도대체 그 아이를 이해할 수 없었습니다. 행동의 이유를 알고 나니 교사로서 학생을 도와줄 수 있었고, 이런 학생을 다시 만나도 부딪혀 볼 수 있겠다는 용기를 얻었습니다."

"매일 아이와의 감정싸움에서 헤어 나올 수가 없어서 학교로 출근하는 것이 힘들었습니다. 그런데 아이의 행동을 보다 체계적으로 분석해 도울 수 있어 기뻤습니다."

행동지원 프로세스를 하고 나서 선생님들은 학생에 대해 객관적으로 이해할 수 있게 되었고, 학생과 긍정적인 관계를 형성하는 데 도움을 받았다고 했다. 그리고 문제행동 분석 및 중재방안을 적용하여 문제행동이 감소되었다고 했다. 무엇보다도 그런 과정 속에서 교사의 불필요한 감정적 소모가 줄어들었다는 소회를 들을 수 있었다.

그럼에도 다음과 같은 한계가 있었다.
첫째로, 아이의 행동 문제에는 부모의 문제가 투영되기 때문에 부모가 변하지 않는 한 문제행동의 전부가 바뀔 수는 없다는 것이다. 즉, 많은 문제행동 중에서 일부만 효과를 볼 수 있었다.
둘째로, 학교에서 선생님과 학생이 정한 행동 약속 시스템이 부모의 비협조로 그 효과가 반감되기도 한다. 위기학생을 지도할 때는 부모의 협력이 무엇보다도 중요함을 느낄 수 있는 대목이다.
셋째로, 20~30명의 학생들이 있는 교실에서 교사 혼자서 위기학생을 대응하는 것은 어렵다. 수업을 해야 하는데 교실 이탈하는 아이를 찾으러 가야 하는 상황이 생기기도 하고, 분노 조절이 안 되어 친구들을 위협하는 아이를 물리적으로 제지해야 할 수밖에 없는 순간을 만나기도 한다. 이러한 다양한 위기상황에서 적절하게 대응할 수 있는 대책이 절실하다. 넷째로, 위기학생은 1년 내내 거의 일대일과 같은 집중 케어가 필요하다. 한마디로 잔손이 많이 갈수록 좋아진다는 말이다. 그래서 별도의 지원 인력이 요청된다.

별이는 삶의 위기를 겪고 있는 학생이다. 그로 인해 별이와 같은 반 아이들 모두가 그 고통을 공유한다. 교사도 마찬가지다. 그래서 평균적인 수준을 이탈한 위기학생에 대해 교육공동체 모두가 나서야 한다. 우리 사회는 더이상 위기학생의 문제행동을 간과하지 않아야 한다.

참고문헌

- 고인숙, 『아동 관찰 및 행동연구』, (서울: 교육아카데미, 2018).

- 시마무네 샤토루, 『나를 바꾸는 행동분석학』, 심정명 역 (서울: 바다출판사, 2017).

- 헬렌 켈러, 『사흘만 볼 수 있다면』, 이창식, 박에스더 역 (서울: 산해, 2005).

- E.H 곰브리치, 『서양미술사』 (고양: 예경, 2012).

- Laura A. Riffel, 『개별학생을 위한 긍정적 행동지원』, 박지연, 김지수 공역
  (서울: 학지사, 2018).

- Laura A. Riffel, Melinda Mitchiner 공저, 『표적집단을 위한 긍정적 행동지원』,
  박지연, 김예리 공역 (서울: 학지사, 2019).

- Mitchell L. Yell, Nancy B. Meadows, Erik Drasgow, James G. Shriner 공저,
  『정서행동장애학생교육』 곽승철, 임경원, 변찬석, 박계신, 강민채, 황순영 공역
  (파주: 교육과학사, 2017).

- Paul Chance, 『학습과 행동』, 김문수, 박소현 공역 (고양: 피앤씨미디어, 2018).